PEDOFILIA
IDENTIFICAR E PREVENIR

PEDOFILIA
IDENTIFICAR E PREVENIR

Lúcia Cavalcanti de Albuquerque Williams

Com a colaboração de Paula Inês Cunha Gomide

1ª edição, 2012

São Paulo

editora brasiliense

Copyright © by Lúcia Cavalcanti de Albuquerque Williams, 2012
Nenhuma parte desta publicação pode ser gravada,
armazenada em sistemas eletrônicos, fotocopiada,
reproduzida por meios mecânicos ou outros quaisquer
sem autorização prévia da editora.

Conselho Editorial:
Cláudia Onofre
Clisaura Maria Rezende Bernardes

Primeira edição, 2012

Diretora Editorial: *Maria Teresa B. de Lima*
Editor: *Max Welcman*
Produção Gráfica: *Adriana F. B. Zerbinati*
Projeto Gráfico e Capa: *Adriana F. B. Zerbinati*

Dados Internacionais de catalogação na Publicação(CIP)
(Câmara Brasileira do Livro, SP, Brasil)

Williams, Lúcia Cavalcanti de Albuquerque
Pedofilia : identificar e prevenir / Lúcia
Cavalcanti de Albuquerque Williams. --
São Paulo : Brasiliense, 2012.

ISBN 978-85-11-35009-8

1. Abuso sexual contra crianças 2. Crianças
vítimas de abuso sexual 3. Pedofilia
4. Pornografia na mídia 5. Psicanálise
I. Gomide, Paula Inês Cunha. II. Título.

12-13007   CDD-150.195

Índices para catálogo sistemático:
1. Pedofilia : Estudo psicanalítico :
Psicologia 150.195

editora brasiliense ltda
Rua Antônio de Barros, 1839 – Tatuapé
Cep 03401-001 – São Paulo – SP
www.editorabrasiliense.com.br

Para as crianças que sofreram ou sofrem abuso sexual e aos profissionais que atuam obstinadamente para preveni-lo.

... o direito de a criança ser protegida do abuso é um dos direitos mais importantes que existem, pois quando ele é violado o dano pode reverberar em suas vidas, atingindo a comunidade ao seu entorno e a próxima geração de crianças. (James Garbarino, *Child Abuse & Neglect,* 2011, p. 800).

SUMÁRIO

Introdução ao tema da pedofilia.................................9

Que critérios usam os manuais para diagnosticar a pedofilia..12

O que sabemos sobre o assunto? Principais mitos e fatos..20

Como o ofensor sexual pensa e atua.........................40

Consequências a curto e longo prazo do abuso sexual na adolescência..49

Como prevenir o abuso sexual praticado contra crianças e adolescentes...59

A legislação brasileira sobre ofensas sexuais.............88

Comentários finais...97

Indicações para leitura..100

Agradecimento...104

Sobre as autoras...105

INTRODUÇÃO AO TEMA DA PEDOFILIA

Poucos temas despertam tantas reações passionais e tanta repulsa da população quanto o fato ou a possibilidade de um adulto praticar sexo com uma criança. Neste livro, tentarei trazer essa discussão para o plano racional das pesquisas científicas, das leis e do Direito, fazendo isso em linguagem clara e de forma palatável. Haja desafio!

O objetivo final é que o texto sirva como uma introdução crítica ao tema da pedofilia e do abuso sexual praticado contra crianças e adolescentes e que o(a) leitor(a) saiba onde obter respostas a novas indagações.

A palavra pedofilia origina-se do grego (*pedo* ou *paidos,* significando criança e *filia,* amizade, atração ou amor). O termo foi utilizado pela primeira vez no século 19 (1886) pelo psiquiatra vienense Richard von Kraft-Ebing.

Leio num jornal de grande circulação nacional: *"No Brasil, o crime da pedofilia pode levar a um julgamento por estupro de vulnerável"*. É comum a imprensa, leigos e mesmo profissionais da área de saúde considerarem a pedofilia como sendo um crime ou delito. Tal visão é equivocada. A pedofilia é um transtorno que resulta frequentemente em crime, mas pode não resultar. O crime é o abuso sexual praticado contra crianças e adolescentes – violação grave de direitos que será analisada no presente livro. A distinção entre *crime* e *transtorno* é fundamental para seguirmos adiante na discussão desse fenômeno.

A área de Saúde Mental considera a pedofilia como sendo um *transtorno mental*. Entende-se por *transtorno* a existência de um grupo de sintomas que envolvem comportamentos que desviam das normas, sofrimento persistente ou intenso ou mesmo uma incapacidade. A palavra *mental*, longe de expressar contraste ou dicotomia com os problemas físicos do ser humano, simplesmente reflete uma visão histórica, hoje anacrônica, sobre o dualismo mente/corpo. Ou seja, utiliza-se a palavra mental simplesmente porque não surgiu um termo melhor para substituí-la.

O capítulo que vem a seguir é o mais técnico do livro e aprofundará a definição de pedofilia em função de critérios diagnósticos. Apesar de um tanto árida, a discussão dos critérios é importante para distinguirmos o que se considera pedofilia e o que não se considera. O capítulo seguinte envolverá a apresentação de mitos sobre a pedofilia ou sobre o abuso sexual de crianças e adolescentes, contrapondo tais mitos com os fatos advindos de pesquisas na área. Escolhi apenas dez mitos que considero os mais importantes, mas a complexidade do abuso sexual infantil – e o quanto ele é pouco compreendido pela sociedade – permitiria a escolha de pelos menos o dobro de mitos a respeito desse assunto.

Em seguida, analisarei exemplos de ações e cognições utilizadas por diferentes ofensores sexuais para atingir o objetivo de aliciar a criança/adolescente. Os capítulos subsequentes discorrerão sobre as consequências imediatas do abuso sexual para crianças e adolescentes e as consequências para um adulto que sofreu abuso sexual no passado, ou seja, em sua infância ou adolescência, seguido por um detalhamento com exemplos de diversas ações que poderiam ser empregadas para prevenir tal grave problema, em níveis distintos de prevenção. No sétimo capítulo, Paula Inês Cunha Gomide sintetiza a legislação brasileira sobre o abuso sexual da criança e do adolescente. O livro se encerra com uma breve seção de comentários finais, seguida por indicações de leituras e informações sobre as autoras.

QUE CRITÉRIOS USAM OS MANUAIS PARA DIAGNOSTICAR A PEDOFILIA

As doenças mentais são identificadas, classificadas e operacionalizadas no *Manual Diagnóstico e Estatístico de Transtornos Mentais*, publicado pela Associação de Psiquiatria Americana, presentemente em sua 4ª. edição revisada (conhecida pela sigla do original inglês DSM-IV-TR, ou apenas DSM para facilitar). Uma quinta edição do DSM está sendo finalizada, sendo resultado da longa atuação de Grupos de Trabalhos compostos por psiquiatras e alguns psicólogos norte-americanos, expoentes no trabalho clínico e na pesquisa da área.

A pedofilia insere-se dentro das *parafilias*, caracterizadas no DSM por anseios, fantasias ou comportamentos sexuais recorrentes e intensos que envolvem objetos, atividades ou situações incomuns ou bizarras e causam sofrimento significativo ou dificuldades sociais na vida do indivíduo. Além da pedofilia, as *parafilias* incluem o *exibicionismo* (exposição dos genitais a um estranho); *fetichismo* (uso sexual de objetos inanimados); *frotteurismo* (tocar e esfregar-se em uma pessoa sem o seu consentimento); *masoquismo sexual* (sentir atração sexual ao ser humilhado ou sentir dor); *sadismo sexual* (sentir excitação sexual ao infligir humilhação ou dor no outro); *travestismo fetichista* (homens que sentem atração sexual ao vestir-se com roupas de mulher); *voyeurismo* (observar atividades sexuais ou nudez de desconhecidos) e *parafilia sem outra especificação* (telefonemas obscenos, *necrofilia* ou a atração por cadáver, *zoofilia* ou sexo com animais, e outros casos raros).

Como o DSM atualmente define a pedofilia? Com base em três critérios, ou seja, a pessoa precisa apresentar:

a) Ao longo de um período mínimo de seis meses, fantasias sexualmente excitantes, recorrentes e intensas, impulsos sexuais ou comportamentos envolvendo atividade sexual com uma (ou mais de uma) criança pré-pubere (geralmente com idade inferior a 13 anos).

b) As fantasias, impulsos sexuais ou comportamentos causam sofrimento clinicamente significativo ou prejuízo no funcionamento social ou ocupacional ou em outras áreas importantes da vida do indivíduo.

c) O indivíduo tem no mínimo 16 anos e é pelo menos 5 anos mais velho do que a criança ou crianças no Critério a.

Vejam que o primeiro critério estabelece um período mínimo para o problema ocorrer, descrevendo-o (pode acontecer sob a forma de fantasias repetitivas e intensas, impulsos ou o ato em si de praticar sexo com a criança), identificando a faixa-etária mínima do indivíduo que apresenta o problema e a diferença de idade entre a(s) criança(s). Tal conduta problemática, de acordo com o segundo critério, deve causar sofrimento ou atrapalhar a vida da pessoa, seja do ponto de vista social ou em sua atuação profissional. A palavra **ou** não é casual – diferentemente da maioria dos transtornos psiquiátricos, é comum a pessoa com pedofilia não sentir desconforto ou mesmo sofrimento em relação a sua conduta, principalmente nos casos graves nos quais a pessoa demonstra pouco ou nenhum remorso e ausência de empatia pelas vítimas.

O terceiro critério especifica a idade mínima e um critério para delimitar a diferença, de forma a excluir desse transtorno a atividade sexual entre adolescentes. O DSM recomenda que não se deva atribuir tal diagnóstico a um indivíduo, na fase final da adolescência, que estiver tendo um relacionamento sexual contínuo com uma criança de 12 ou 13 anos de idade. O Manual informa, ainda, que deva ser especificado qual o *tipo* de atração sexual observada: pelo sexo masculino, pelo sexo feminino ou por ambos os sexos. Há também a possibilidade de se identificar se a pedofilia é restrita ao incesto (atividades sexuais entre familiares próximos) ou não. Finalmente, há a possibilidade de se identificar se a pedofilia é do *Tipo*

Exclusivo (a pessoa sente atração sexual apenas por crianças) ou *Tipo Não Exclusivo* (atração sexual por crianças e por adultos).

O Manual fornece também outras informações pertinentes: que o indivíduo com pedofilia geralmente relata atração por uma faixa etária específica, sendo que aqueles que sentem atração pelo sexo feminino, geralmente, preferem crianças de dez anos, e os atraídos por meninos preferem crianças um pouco mais velhas. Informa, ainda, que os casos envolvendo vítimas femininas são relatados com maior frequência do que os casos envolvendo meninos. Finalmente, o DSM diz que o transtorno inicia-se geralmente na adolescência, sendo na maior parte das vezes crônico, principalmente para os casos das pessoas atraídas por meninos, cuja taxa de reincidência é aproximadamente o dobro daquela da preferência feminina.

Quais seriam as mudanças a serem feitas no critério diagnóstico da pedofilia no DSM-V? (Embora este ainda não esteja disponível, os Grupos de Trabalho divulgam as prováveis mudanças, justamente para que sejam referendadas por clínicos e especialistas).

Tudo indica que muita coisa irá mudar, conforme grifo nosso a seguir. O Critério "a" mantém o período mínimo de seis meses, para em seguida referir-se à excitação sexual recorrente e intensa com crianças pré-puberes **ou crianças no início da puberdade, manifestada** por fantasias, impulsos, comportamentos **ou uso extensivo de pornografia envolvendo crianças de tal faixa etária.**

O Critério "b" afirma que **a pessoa já agiu em função de tais impulsos sexuais ou tais impulsos** e fantasias sexuais causam sofrimento marcante ou prejuízo do funcionamento social, ocupacional ou outras áreas. O terceiro critério altera a faixa etária de 16 para **18 anos**, mantendo a diferença de idade de 5 anos.

Os mesmos tipos de atração sexual são mantidos quanto à atração pelo sexo masculino, pelo sexo feminino ou por ambos, mas são inseridas novas categorias:

> **Tipo Clássico** – Atraído sexualmente por crianças pré-puberes (geralmente com menos de 11 anos).
>
> **Tipo Hebefílico** – Atraído sexualmente por crianças na pubescência (geralmente dos 11 aos 14 anos).
>
> **Tipo Pedohebefílico** – Atraído por ambas.

Há na literatura menção a *infantofilia* para quem tem atração sexual por crianças dos 0 aos 3 anos, mas tal especificação parece não ser digna de destaque no DSM-V. Da mesma forma, ocasionalmente a palavra *efebofilia* é utilizada no linguajar corriqueiro como sinônimo de *hebefílico*, lembrando que na Grécia antiga a palavra efebo era utilizada para designar qualquer menino que tivesse atingido a idade da puberdade e atualmente *efebofilia* refere-se à atração sexual de um adulto (homem ou mulher) por adolescentes, tanto do sexo masculino quanto do feminino. Em contraste, o termo *pederastia* refere-se, na linguagem comum, à atração sexual de um homem adulto por rapazes adolescentes.

Há no DSM-V a proposta de identificar tal transtorno segundo critérios específicos de sua intensidade, como sendo *Leve, Moderado, Severo* ou *Muito Severo*. Entretanto, a mudança mais substancial é que se pretende criar uma nova denominação, o assim chamado *Transtorno de Pedofilia,* apenas para quem apresentar os critérios b e c, sob o argumento de que a pedofilia em si (Critério a) não é um problema psiquiátrico se não causar sofrimento ao indivíduo, prejuízo no funcionamento diário ou dano a outras pessoas, não necessitando assim de intervenção.

Tal proposta tem recebido críticas de que a Associação Americana de Psiquiatria pretende normatizar a pedofilia, mas o psiquiatra Ray Blanchard, chefe de tal Grupo de Trabalho, argumenta que o DSM-V está apenas querendo evitar que comportamentos sexuais desviantes sejam considerados patológicos se não causarem sofrimento ao próprio indivíduo ou a terceiros. Por essa razão, o futuro lançamento do DSM-V, em 2013, é esperado com muita antecipação, pois só então teremos certeza das mudanças estabelecidas.

A discussão de critérios reflete questões filosóficas, morais e legais – não se pode policiar ou restringir os pensamentos (fantasias) do ser humano por mais bizarros que sejam, apenas podemos tratá-los quando estes resultam em ações proibidas pela sociedade ou quando tais pensamentos provocam sofrimento no próprio indivíduo que os tem. Afinal, como disse Goethe: "Não há crime que não tenhamos cometido em pensamento".

Na prática clínica, o que mais auxilia o diagnóstico é um histórico de ofensas sexuais contra crianças, pois frequentemente o agressor sexual minimiza os fatos (*"tive um probleminha no passado, mas já passou"*), ou mesmo não demonstra o menor sofrimento por seu quadro, demonstrando com isso não só falta de empatia com a(s) vítima(s), mas também como sua conduta sexual é fortemente instalada e altamente prazerosa.

Por essas razões, clínicos raramente podem contar com o autorrelato do agressor sexual como sendo confiável. Em decorrência, os pesquisadores internacionais utilizam um modo mais fidedigno para conhecer as preferências sexuais de tais pessoas: o teste *falométrico* (também chamado de *pletismografia peniana*). Trata-se de um procedimento para medir o interesse sexual em adultos e adolescentes do sexo masculino, comparando-se o volume sanguíneo do pênis, mediante a apresentação de estímulos visuais e auditivos potencialmente eróticos, de adultos e crianças de ambos os sexos. Naturalmente, os pesquisadores só podem empregar tal procedimento complexo com a assinatura de um Consentimento especial por parte dos participantes.

Outra questão espinhosa é saber o que se entende por comportamentos e ações mencionadas no Critério b. Pesquisadores se perguntam o que caracterizariam tais comportamentos. Por exemplo, se uma pessoa escolhe ser motorista de ônibus escolar porque isso supre seu desejo sexual de estar próximo a crianças, mas nunca chega a tocar nas mesmas, isso se enquadraria no Critério b? Ray Blanchard explica que a pergunta tem mérito – ele mesmo já recebeu perguntas sobre casos de pessoas com deficiência mental que olhavam intensamente para crianças, querendo saber se tal comportamento serviria de indicativo de pedofilia. No entanto, o autor afirma que, tanto o comportamento de *encarar* crianças, quanto o de *planejar* e dar um jeito para ficar próximo a elas não são sintomas primários de pedofilia, o que não significa dizer que ambos não possam ajudar o clínico a confirmar um diagnóstico.

Blanchard aponta, entretanto, dois comportamentos altamente associados ao transtorno, resultantes de seus vários estudos: a aquisição de pornografia envolvendo crianças e conversas virtuais sexuais (*chats*) e/ou tentativas de conseguir se encontrar com policiais que propositalmente se passam por crianças na internet. A validade de tais indicadores é tão forte que o autor recomenda, para propósito de diagnóstico, que a aquisição de fotografias pornográficas com crianças e o ato de se passar por criança na internet sejam tratados como um contato inapropriado *real* com crianças (e não apenas como contato virtual).

O QUE SABEMOS SOBRE O ASSUNTO? PRINCIPAIS MITOS E FATOS

PRIMEIRO MITO
Todo abusador de criança é um pedófilo.

A pesquisa específica da área é unânime em afirmar que nem todo ofensor de crianças é um pedófilo, assim como nem todo pedófilo é um abusador de crianças. Embora no dia a dia, leigos chamem qualquer ofensor sexual de "pedófilo", como já vimos, o indivíduo pode apresentar fantasias eróticas com crianças, mas consegue se controlar, sem abusá-las. Aliás, esta é a meta principal do tratamento da pessoa com pedofilia, já que a cura ainda não existe (não há respostas conclusivas sobre os eventos que a causam): a aprendizagem do controle de impulsos.

Paralelamente, as pesquisas sugerem que a maioria das pessoas que já abusou sexualmente de crianças não apresenta o transtorno, o que significa dizer que as preferências eróticas de tais abusadores envolvem adultos com maturidade física, sendo o comportamento abusivo resultante de outras razões motivacionais, como a presença de estressores (álcool, drogas, privação sexual, por exemplo); problemas conjugais; outros problemas psiquiátricos; impulsividade ou conveniência (a criança estava por perto) e a possibilidade de ter sido abusado sexualmente no passado (sendo o último fator também considerado risco para a pessoa com pedofilia). Pela falta de uma palavra melhor, tais indivíduos são identificados na literatura por *"ofensores situacionais"*.

Cabe mencionar, entretanto, algumas diferenças centrais entre os dois tipos de agressores: enquanto os ofensores situacionais praticam o primeiro delito na fase adulta, aqueles com pedofilia iniciam o transtorno na adolescência; os *"situacionais"* fazem um menor número de vítimas e suas vítimas são predominantemente do núcleo familiar (incesto). Em contrapartida, ofensores com pedofilia têm mais casos de reincidência (há estudos norte-americanos narrando até 150 vítimas em média por ofensor), procurando suas vítimas com mais frequência fora dos laços familiares. Essas razões tornam esse abuso em particular da criança mais público, contribuindo para a existência do mito acima identificado.

Segundo mito

Homens gays têm mais interesse sexual por crianças do que os heterossexuais.

Há pesquisas antigas de Kurt Freund, pesquisador nascido na República Tcheca antes de emigrar para o Canadá, criador do teste falométrico, comprovando **não** ser verdadeira tal afirmação, embora ela seja injustamente frequente no imaginário da população. Adicionalmente, os estudos de Ray Blanchard, da Universidade de Toronto, Canadá, (sim, ele mesmo, sem dúvida uma das maiores autoridades no assunto), validam os achados de Freund.

Em um estudo com 2.278 pacientes do sexo masculino utilizando o teste falométrico, Blanchard constatou que o interesse sexual de homens gays por meninos e as respostas de homens heterossexuais a meninas foi semelhante – ou seja, relativamente baixas. Desse modo, homens gays e homens heterossexuais têm, em situação de laboratório, as mesmas respostas penianas para representações de crianças, indicando não ser verdadeiro que os homens homossexuais tenham mais interesse sexual por crianças do que os heterossexuais.

TERCEIRO MITO
Só os homens apresentam pedofilia.

Apesar de ser muito mais raro, as mulheres também podem apresentar o transtorno da pedofilia, bem como podem ser ofensoras sexuais "situacionais". Embora se desconheça a prevalência da pedofilia no geral (o assunto é tabu, sendo extremamente privado, dificultando pesquisas), acredita-se com base em estudos da literatura norte-americana que ela seja inferior a 5%. Da mesma maneira, mulheres também podem ser ofensoras sexuais sem ter o transtorno, sendo tais casos mais raros e subnotificados por razões culturais, como por exemplo, a crença de que o ato sexual de uma mulher com meninos não é tão nocivo.

A literatura acredita que entre as pessoas presas por ofensas sexuais na América do Norte, entre 0,4 e 4% seriam mulheres. Veremos adiante que as agressões sexuais praticadas por mulheres contra crianças podem deixar sequelas muito graves, pois pelo fato de a mulher geralmente estar numa posição materna de cuidado, isso causa muita confusão e dor na criança ou no adolescente. Entretanto, pelo fato de o abuso praticado por mulheres ser muito mais raro do que o praticado por homens, no presente livro utilizamos a expressão ofensor sexual no masculino, apenas por praticidade.

QUARTO MITO
Não há tratamento para pedofilia.

O fato de o transtorno ainda não ter cura (mais e mais as pesquisas apontam para problemas estruturais e funcionais no cérebro das pessoas com pedofilia, combinado a um histórico ambiental adverso na infância), pode levar à crença inadequada de que não há tratamento. Longe de ser verdade, o tratamento considerado mais eficaz atualmente envolve uma combinação de ajuda medicamentosa e terapia cognitivo-comportamental para trabalhar as atitudes, emoções (como aumento de empatia pela vítima), crenças e comportamentos do indivíduo que aumentariam o autocontrole, diminuindo e eliminando agressões sexuais a crianças. Nessa área, o psicólogo Michael Sato, também do Canadá, é uma referência, cabendo lembrar que é necessário trabalhar a autoestima do cliente e o aprimoramento de suas habilidades sociais.

Há uma organização, surgida inicialmente nos EUA e hoje internacional, que agrupa profissionais que tratam abusadores sexuais – a ATSA (*Association for the Treatment of Sexual Abusers*, www.atsa.com). A pesquisa que avalia o tratamento de ofensores sexuais na América do Norte indica que, em média, aqueles que participam de tratamento apropriado têm menos probabilidade de praticar novas ofensas do que os grupos de comparação que não receberam tratamento. Ou seja, os resultados do tratamento são promissores no sentido de prevenir e impedir novas investidas sexuais contra crianças ou adolescentes. No Brasil, estamos longe de fazer um tratamento geral e sistemático ao ofensor sexual (bem como a outros agressores), inclusive porque nossas cadeias ainda são medievalescas. Embora haja iniciativas individuais de tratamento, como por exemplo, o de Antonio de Pádua Serafim, psicólogo do Hospital das Clínicas/USP, São Paulo e o de Giovana Veloso Munhoz da Rocha, Universidade Tuiuti do Paraná, o atendimento ao ofensor sexual no país é escasso e quase não se publica a respeito.

Convém mencionar também tratamentos controvertidos, como a castração química, permitida em vários países europeus, na Coreia do Sul, Austrália e diversos estados dos EUA para casos graves de abuso sexual infantil. Diferentemente da castração cirúrgica, na qual há a remoção de testículos ou ovários, a castração química é geralmente revertida, não sendo, portanto, um tipo de esterilização e sim o uso de medicamentos para diminuir a libido sexual.

Nos Estados Unidos, no ano de 1995, Larry Don McQuay, um ex-motorista de ônibus escolar do Texas, preso por ter abusado sexualmente de um menino de seis anos de idade, causou estardalhaço ao solicitar ser castrado cirurgicamente, justificando que teria já abusado de mais de 200 crianças. McQuay ameaçou que mataria suas próximas vítimas para que não servissem de testemunha contra ele, caso a sua solicitação não fosse aceita. Após ter sido preso por novo abuso sexual em 1997, o Texas aprovou uma lei permitindo a castração cirúrgica *voluntária* de ofensores sexuais. Segundo o advogado de McQuay, houve a tal cirurgia, mas não há uma versão oficial (McQuay foi solto em 2005 e não se sabe do seu paradeiro).

Um ótimo filme para discutir o tratamento do indivíduo com pedofilia é *O Lenhador (The Woodsman)*, lançado em 2004 e dirigido pela jovem cineasta Nicole Kassell. Em tal filme, o excelente ator Kevin Bacon vive o difícil papel de Walter, um ofensor sexual recém-saído do presídio que precisa tocar a vida sem se envolver com crianças (está proibido, por exemplo, de ficar próximo a parques e escolas infantis). Em um dos momentos mais tensos e belos do filme, Walter vacila e estando a sós com uma garota de 11 anos, em um parque, solicita que ela sente em seu colo. A menina inesperadamente passa a lhe contar situações prévias de abuso sexual por parte do pai e chora, o que deixa Walter paralisado. Ele consegue se controlar quando, empaticamente, coloca-se no lugar da vítima, ouvindo seus problemas e recusando quando ela lhe diz que não se importaria de sentar-se em seu colo. No final da cena, ele sugere que a garota fosse embora, colocando-a a salvo de suas investidas.

Quinto mito

O ofensor sexual é facilmente identificável por sua aparência, etnia ou conduta.

Não há um perfil para o ofensor sexual. Como já vimos até agora, a sexualidade humana é muito complexa e envolve uma gama vasta de preferências sexuais. Isso significa que o ofensor pode ser homem ou mulher, heterossexual ou homossexual, com transtorno de pedofilia exclusivo e só sentir atração sexual por crianças, ter o transtorno e também sentir atração por adolescentes, não ter pedofilia e agredir sexualmente crianças e adolescentes, ter alta ou baixa escolaridade, estar ou não empregado, ser de diversas etnias, ser solteiro ou casado, e assim por diante. Dessa forma, o estereótipo de que o agressor sexual seja um indivíduo mal aparentado, asqueroso, que transmite medo e vive isolado da família, não poderia ser mais equivocado. Pelo contrário, tal indivíduo é geralmente o oposto – aparentemente pacífico e incapaz de fazer dano a quem quer que seja.

Querem um bom exemplo? Todos devem se lembrar do hebiatra (ramo da pediatria que se especializa em adolescentes) Eugênio Chipkevitch, famoso por ter sido condenado, em 2003, em São Paulo, a 124 anos de reclusão pelo abuso sexual de diversos adolescentes, seus clientes. O médico os sedava, filmando o abuso enquanto seus pacientes (todos do sexo masculino) dormiam. A história só veio à tona porque Chipkevitch atirou as fitas, com as filmagens que o incriminavam, ao lixo e um técnico de telefonia, encontrando-as, levou-as para casa. Tive a oportunidade de conversar com médicos que conheciam Chipkevitch de congressos científicos e jamais suspeitaram de qualquer ato inadequado de sua parte – pelo contrário, era um profissional produtivo, muito conhecido e respeitado.

Pesquisadores testaram as concepções sobre ofensores sexuais de estudantes universitários, nos Estados Unidos, comparando-as com as de profissionais da ATSA (Associação para o Tratamento de Abusadores Sexuais). Como esperado, os estudantes apresentavam mais visões estereotipadas dos abusadores (como sendo *gay,* por exemplo) do que os profissionais. A literatura norte-americana indica que a maioria dos ofensores sexuais é composta por homens brancos, na faixa dos 30 anos, solteiros, com bom nível educacional, inseridos no mercado de trabalho, entretanto é claro que pode haver abusadores de qualquer etnia, ocupação ou nível socioeconômico.

Se estudantes universitários apresentam crenças inadequadas sobre abusadores, imaginem o impacto que tais crenças podem ter para juízes, advogados, professores e psicólogos despreparados sobre o tema. Um psicólogo que jamais tenha feito um curso sobre abuso sexual pode escrever em um laudo a frase absurda de que um determinado pai não poderia ser um abusador pelo fato de ser uma pessoa com ótimas habilidades sociais. Um juiz poderia emitir um parecer injusto de que a suspeita de abuso sexual infantil é infundada, uma vez que observações de terceiros sobre o pai da criança indicam ser ele uma pessoa séria e digna. Aprofundarei a prevenção do abuso sexual em um próximo capítulo, mas desde já, gostaria de enfatizar a importância de se capacitar profissionais diversos para que tenham um conhecimento sólido sobre o abuso sexual, livrando-se das concepções errôneas e superficiais.

> ## SEXTO MITO
> Toda criança que sofreu abuso sexual irá um dia ser um ofensor.

Já ouvi relatos de pessoas adultas que foram vítimas de abuso no passado, quando psicólogos lhe alertaram sobre essa possibilidade, o que foi motivo de muita preocupação durante a juventude. Um histórico de abuso sexual tem sido considerado **risco** para futuras agressões, mas jamais de modo categórico ou determinista, pois a probabilidade dependerá de inúmeros fatores de proteção, bem como outros fatores de risco, como a gravidade e duração do abuso sofrido.

Imaginem que um garoto sofra abuso sexual da parte de um tio, por exemplo. Sua mãe fica sabendo, age para proteger a criança (afasta-o do contato com o tio, faz uma denúncia, tornando público o abuso, leva o filho para fazer psicoterapia de forma a enfrentar as dificuldades associadas e conversa com a criança sobre a experiência traumática de modo sereno, dissipando dúvidas e confortando-a). O comportamento materno em questão exemplifica diversos fatores de proteção, tornando remota a possibilidade de ofensas futuras.

A literatura, em contrapartida, aponta fatores fortemente associados com ofensas sexuais que são geralmente desconhecidos do grande público. Por exemplo, sabe-se hoje que um ambiente familiar hostil, em que a criança enfrente muitas adversidades é um terreno fértil para o crescimento potencial de um ofensor sexual, que passa a ter dificuldades de relacionamento (falta de confiança nas pessoas, hostilidade, apego inseguro), que por sua vez levam à rejeição social, isolamento, associações com amizades que influenciam negativamente e estimulam o comportamento delituoso. Outro risco associado é crescer acreditando na possibilidade de se fazer sexo não consensual, coisa que a criança que vive em um lar violento e conturbado pode ter como modelo, passando a ser tolerante com tal prática. Alguns pesquisadores acreditam que a impulsividade ou falta de autocontrole do ofensor sexual pode ter um papel adaptativo resultante de um ambiente em que a criança conviva com muitos estressores.

Sétimo mito
Apenas as meninas apresentam problemas decorrentes do abuso sexual.

Além dos casos de abuso sexual de meninos serem subnotificados, há pouca compreensão das consequências nocivas que o abuso sexual tem para os mesmos e o quanto necessitam de ajuda profissional para enfrentá-lo. Apesar de o abuso sexual praticado contra meninas ser mais frequente, as repercussões na vida do menino de um estressor grave como o abuso não podem ser minimizadas. Para o psicólogo Jean Von Hohendorff, que fez o seu Mestrado no Rio Grande do Sul, atendendo meninos que foram abusados sexualmente, o abuso pode tornar os meninos mais confusos sobre a própria sexualidade. Além disso, meninos que sofreram abuso sexual não costumam falar sobre o ocorrido, o que pode gerar culpa, raiva e ansiedade.

Em minha experiência supervisionando estágio de alunos de psicologia na Delegacia da Mulher (que no caso também atendia casos de crianças), vi policiais minimizarem o abuso sexual praticado contra meninos, afirmando que tal fato era um aspecto corriqueiro, uma espécie de ritual de passagem para o mundo da sexualidade adulta. Entretanto, quando convivíamos com tais meninos no contato clínico eles apresentavam um grande sofrimento, incluindo medo em função do ocorrido.

Há um amplo estudo australiano, realizado com 2.485 adolescentes de ambos os sexos, investigando a correlação entre ter sofrido abuso sexual e risco para suicídio (no caso, medido em termos de tentativas passadas de cometer o ato e de pensar e planejar ações sobre isso). Os meninos que haviam sofrido abuso sexual relataram quase o dobro de chances de pensar sobre práticas suicidas em comparação às meninas (55% e 29% respectivamente). Portanto, a prevenção do abuso sexual é fundamental, tanto para as meninas como para os meninos.

OITAVO MITO
As pessoas com pedofilia são isoladas e desarticuladas.

Diferentemente do esperado, há um ativismo político aberto da parte de indivíduos com esse transtorno nos Estados Unidos e em alguns países europeus, que se mobilizam para convencer o público de que a pedofilia não é um problema de saúde mental. Tais grupos fazem pressão política para baixar a idade consensual de o adulto fazer sexo com a criança, para legalizar a pornografia infantil e para que a pedofilia seja encarada por médicos e psicólogos como sendo uma orientação sexual (como o homossexualismo) e não uma parafilia, fato longe de ter sido acatado pela área de saúde e da população em geral.

O ativismo mais intenso é praticado por membros da NAMBLA (*North-American Man/Boy Love Association*)[1], que utilizam argumentos dizendo que faz bem para a criança praticar sexo com adultos, tal como era feito na Grécia antiga, esquecendo-se de que naquele tempo, a escravidão também era permitida e dificilmente essa grave violação de direitos seria hoje defendida.

No Brasil tal ativismo é praticado nos bastidores, tentando influenciar leis que favoreçam a pedofilia, sem identificar abertamente nomes. Portanto, é preciso ficar atento a grupos que forçam para que sejam aprovadas leis envolvendo crianças, de modo rápido, sem a devida discussão pela sociedade e por especialistas, principalmente quando houver recursos fartos sendo disponibilizados e não se identifiquem as fontes.

A verdade é que pedófilos identificam-se mutuamente e se articulam, construindo redes complexas que movimentam um volume gigantesco de dinheiro. O surgimento da internet, com sua privacidade ímpar, favoreceu essa articulação – pegando a sociedade de surpresa – resultando em uma divulgação planetária da pornografia infantil. Felizmente, a sociedade civil brasileira tem respondido com presteza, criando, por exemplo, o Centro Nacional de Denúncia de Crimes

---

[1] Em tradução livre: "Associação norte-americana pela promoção do amor entre homens e meninos".

Cibernéticos, que informa receber em seu endereço eletrônico (www.safernet.org.br) em média 2.500 denúncias diárias de pornografia infantil ou pedofilia, racismo, neonazismo, intolerância religiosa, apologia e incitação a crimes contra a vida, homofobia e maus-tratos contra os animais.

Mas, infelizmente as redes não são apenas virtuais. Basta lembrar o exemplo da cidade de Catanduva, interior de São Paulo, que no ano de 2009, deparou-se com uma rede articulada real, responsável pelo abuso sexual de cerca de 60 crianças, todas de um mesmo bairro da cidade. Um borracheiro com o pitoresco apelido de Zé da Pipa instalou-se na cidade, em um bairro extremamente pobre e, em sua casa, onde também funcionava a borracharia, ele tinha algumas máquinas de videogame, cobrando um preço muito aquém do mercado para o seu uso. No local, Zé da Pipa ainda vendia guloseimas e confeccionava pipas para a venda, além de consertar bicicletas, enfim todo tipo de atividade perfeita para atrair crianças e adolescentes privados de regalias.

Durante meses as crianças frequentaram seu estabelecimento, sendo conduzidas de lá até a casa de um médico da cidade, onde sofreram abusos sexuais diversos, sendo também fotografadas em poses eróticas. Os pais demoraram a ficar sabendo dos abusos em função das ameaças sofridas pelas vítimas. Quando o assunto veio à tona, a delegada da cidade cometeu um erro indesculpável, avisando o advogado do médico que o computador de seu cliente seria apreendido. Não houve, portanto, provas documentais, apenas aquelas constituídas pelos relatos e exames das crianças. Tudo indica que a rede era constituída de pelo menos quatro homens: Zé da Pipa e seu sobrinho, o médico e um empresário. Como acontece com frequência no Brasil, os mais pobres foram presos – atualmente apenas Zé da Pipa continua encarcerado. Na época, a Comissão de Inquérito sobre a Pedofilia do Senado esteve diversas vezes ouvindo mães e vítimas de Catanduva.

> ## NONO MITO
> A pessoa com pedofilia geralmente aborda crianças utilizando-se da violência física.

Como veremos no próximo capítulo, o indivíduo com pedofilia raramente utiliza a violência física. Sua conduta usual consiste em aliciar, seduzir e ganhar a confiança da criança com objetos que a atraem, como o fez Zé da Pipa. Dessa forma, o adulto passa a ter também a confiança da comunidade, ficando mais difícil ser notado o delito, ou mesmo se a criança fizer uma *revelação* do abuso (termo técnico para descrever o relato da criança sobre o abuso sexual sofrido), ela perderá a credibilidade, pois está acusando um *"cidadão acima de qualquer suspeita"*.

Nos casos de incesto, em que a criança é abusada por um parente próximo, a situação é semelhante. O ofensor já tem acesso irrestrito à criança e passa a praticar jogos de sedução em que os aspectos eróticos são geralmente apresentados de forma gradual. Por ser uma pessoa que está emocionalmente envolvida com a criança (pai, padrasto), isso gera na mesma muita confusão, sofrimento e sentimentos ambivalentes (ela gosta do pai, mas não gosta de ser abusada). Além disso, o abuso sexual pode envolver ameaças (*ninguém vai acreditar em você; a mamãe vai ficar triste e querer ir embora; vou dizer que a culpa foi sua; vou fazer o mesmo com sua irmãzinha; etc.*).

DÉCIMO MITO
A única prova eficaz para comprovação de abuso sexual é o Exame de Corpo de Delito.

Advogados, médicos legistas e policiais geralmente insistem e reforçam tal mito afirmando que, por não haver um Exame de Corpo de Delito positivo, não há evidência da ocorrência do abuso sexual. Vejam o exemplo absurdo retirado de um laudo médico: "*Não houve rompimento de hímen, logo não pode ser afirmado que houve violência sexual*". Ocorre que o abuso sexual mais frequente não deixa sequelas físicas, embora possa traumatizar em demasia a criança. Ocorre, ainda, que todo ato envolvendo abuso sexual da criança e do adolescente é por definição um ato de violência, então não há lógica na afirmação acima. O que o profissional poderia fazer é descrever as lacerações, edemas encontrados (se houver) e afirmar que o hímen estava intacto, sugerindo ausência de confirmação positiva para a materialidade da prova, o que é diferente de dizer que não houve abuso sexual.

A questão é complicada porque as pesquisas indicam que alterações nos genitais de crianças são raras, mesmo em casos de comprovação de abuso, como por exemplo, a admissão da culpa do ofensor. Ademais, como já dissemos, algumas formas de abuso sexual frequentes raramente deixam marcas, como a penetração digital ou sexo oral.

Além disso, mesmo se o abuso envolver penetração vaginal ou anal poderá não deixar marcas se o exame for realizado dias após a ocorrência, devido à plasticidade do organismo físico da criança e do adolescente. Essa baixa proporção de provas físicas foi constatada num estudo norte-americano que avaliou 36 adolescentes grávidas em decorrência de abuso sexual, sendo que apenas duas ou 5,5% delas tinham evidência definitiva de penetração.

Como resolver tal impasse? Os pesquisadores da área de abuso sexual infantil sugerem que a prova mais eficaz é a *revelação* da criança ou sua verbalização sobre o abuso sexual sofrido. Para isso, é preciso que a entrevista com a criança seja conduzida por um profissional com extensa capacitação no assunto, de forma a evitar sua retraumatização ao fazer perguntas inapropriadas, coisa que pode ocorrer se forem feitas perguntas inadequadas. Outro erro grave da entrevista é a contaminação dos dados, induzindo a fala da criança. A conduta durante a entrevista (ou *oitiva* da criança, o termo técnico utilizado) tem sido fruto de inúmeras pesquisas na área da psicologia, testando-se protocolos que são adequados no sentido de gerar falas espontâneas da criança, sem implantações de *"falsas memórias"* ou fatos que não aconteceram e são resultados de influências do entrevistador.

Um ótimo filme para aprender como **não** se deve entrevistar crianças, apontando a consequência trágica de tal erro é *Acusação* (*Indictment: The McMartin Trial*), dirigido por Mick Jackson, em 1995. Baseado em um caso verdadeiro de falsa acusação de abuso sexual a vários membros de uma família da Califórnia (os McMartin), o ator James Wood desempenha, com maestria, o papel do advogado que consegue provar a inocência de seus clientes e a atriz Mercedes Ruehl desempenha a assistente social que, por total incompetência, influencia as crianças a contarem histórias mirabolantes que nunca aconteceram. O filme ilustra a complexidade do assunto e serve para discutir que toda a sociedade perde com **dois** tipos de erros se não tiver profissionais capacitados: o primeiro quando não condenamos um ofensor, sendo que o abuso sexual realmente ocorreu e o segundo erro quando falsamente incriminamos uma pessoa por um abuso sexual fabricado.

O segundo erro é muito mais raro do que o primeiro: veremos adiante que o abuso sexual é relativamente frequente e as taxas de condenação são muito baixas. Aliás, pensar no abuso sexual como sendo um problema *raro* é outro mito frequente. Como você pode verificar, a área é complexa e favorece a existência de uma série de crenças mirabolantes e distantes da realidade dos fatos.

Medir a prevalência do abuso sexual é complicado e resultará em números distintos, conforme

PEDOFILIA: IDENTIFICAR E PREVENIR

o método empregado e a definição de abuso sexual (quanto mais abrangente, mais vítimas surgirão). Se eu visitar uma delegacia de cidade remota do interior à procura de notificações de abuso sexual praticado contra a criança e o adolescente, ficarei com a impressão de que o fenômeno é raro. Se, entretanto, eu reunir um grupo grande de jovens na mesma cidade e aplicar um questionário anônimo perguntando detalhes sobre seu histórico sexual, constatarei que o fenômeno é muito mais frequente do que eu pensava. O fato é que ainda não temos estudos abrangentes brasileiros analisando esse tipo de prevalência. Estudos amplos publicados na América do Norte indicam uma prevalência em torno de 22-27% para as mulheres e 8,5 a 16% para os homens que teriam sofrido abuso sexual em sua infância. Estudos comparando a prevalência de abuso sexual em diversos países apresentam uma prevalência ainda maior (7-36% para mulheres, 3-29% para homens). Logo, estamos falando de milhões de pessoas no mundo e não apenas de alguns poucos.

Entretanto, ao ocorrer o segundo tipo de erro (fazer uma acusação falsa de abuso sexual), o potencial de atrair a mídia pela injustiça cometida é grande, levando à impressão de que há uma *epidemia* de falsas denúncias de abuso sexual, o que absolutamente não é verdadeiro. Ademais, o abuso sexual sofrido por crianças, por ser um segredo tão bem guardado e por envolver várias barreiras para a revelação e credibilidade – enfim, pelo próprio tabu associado ao sexo, acaba sendo muito subnotificado.

COMO O OFENSOR SEXUAL PENSA E ATUA

Como já afirmamos, não há um perfil psicológico para o ofensor sexual. Trata-se de uma população heterogênea, que pode envolver indivíduos com pedofilia ou sem pedofilia, podendo ser, de acordo com Anna Salter, psicóloga que se especializou no tratamento de tais ofensores: "... um parente próximo, um amigo ou conhecido, ao invés de um estranho; uma pessoa mais velha ou jovem; rica ou pobre; branca ou negra; gay ou hétero; com alta ou baixa escolaridade; com ou sem deficiência; alguém religioso ou sem religião; um doutor, um operário ou um desempregado; uma pessoa com extensa ficha criminal ou alguém sem registro prévio de ofensa criminal".

Em um amplo estudo liderado nos Estados Unidos por Gene Abel, com 561 pacientes que sofreram abuso sexual e estavam em tratamentos de clínicas diversas, constatou-se que o grupo, em média, era empregado, tinha alto poder aquisitivo, alta escolaridade (40% tinham curso superior); eram relativamente jovens (31,5 anos de idade); 25% eram casados; 62,1 % brancos e 60% eram cristãos. Cabe lembrar que o ofensor sexual pode ser alguém extremamente perigoso e compulsivo que persegue crianças onde elas estiverem, mas também pode ser um pacato pai de família que abusa exclusivamente da filha.

Clínicos e pesquisadores que tratam de ofensores sexuais mencionam que uma das principais estratégias empregadas por estes é a técnica do *aliciamento* e *sedução* tanto da criança ou adolescente, quanto da comunidade. Para o pedófilo, é preciso transmitir à comunidade uma ideia de ser um cidadão acima de suspeitas, de forma a ter amplo acesso a crianças. Assim, o indivíduo pode se tornar um vizinho prestativo que está sempre se oferecendo para ir e buscar as crianças ou supervisioná-las quando os pais saem. Do mesmo modo, ele pode optar por ter um emprego com contato frequente com crianças, o que lhe garante o acesso sem o levantamento de suspeitas.

O indivíduo com pedofilia com frequência escolhe famílias mais isoladas e, também, famílias chefiadas por mulheres, com menor apoio e rede social. Como procedem em relação às crianças? Conversando com indivíduos presos na América do Norte por ofensas sexuais, pesquisadores constataram que, em primeiro lugar, a estratégia propositalmente empregada é a escolha de uma criança *vulnerável*: a mais tímida, a menor, com dificuldades de fazer amigos, com alguma deficiência, aquela que é calada e que dificilmente irá contar o que aconteceu. Em seguida, o adulto passa a interagir com a criança fazendo atividades das quais ela goste muito (como no caso do Zé da Pipa, atividades atraentes como videogames, bicicletas, balas e pipas).

Ao ganhar a confiança da comunidade ou de adultos e o apreço da criança, a próxima etapa do pedófilo envolve dessensibilizar a mesma para o toque sexual, de preferência quando estiverem a sós. No início, os toques são sutis, mas aos poucos as brincadeiras tornam-se mais eróticas, passando a ficar mais e mais ousadas, relembrando que o emprego da violência física não seja costumeiro no ofensor sexual de crianças. Finalmente, o indivíduo faz a criança se sentir culpada pelo ocorrido e pode ameaçá-la para que não rompa o silêncio:

> "Esse é o nosso segredinho, você não vai contar para ninguém"... Por isso, se diz que o abuso sexual é muitas vezes o segredo mais bem guardado. A criança sente vergonha e/ou medo em relatar.

Um exemplo gritante de como um ofensor sexual atua é ilustrado no diário elaborado pelo Frei Tarcísio Tadeu Sprícigo, que havia sido condenado por abuso sexual na cidade de Agudos, SP, voltando a ser condenado em 2005, em Anápolis, Goiás, por violência sexual contra dois adolescentes. No diário encontrado pela polícia, o frade identifica as crianças vulneráveis que procurava:

...“Sei que chovem garotos .... que são sensuais e que guardam total segredo, e que são carentes de pai e só com a mãe. – Eles estão em todos os lugares – basta só ter um olho clínico e agir com leis seguras no campo social.” Mais adiante, Sprícigo enumera, com clareza e precisão, os critérios para a sua escolha de crianças (os grifos são do autor):

“1. Idade $\leq 7 \geq 8 \geq 9 \geq 10$; 2. Sexo – masculino; 3. Condições sociais – pobre; 4. Condições familiares – de preferência um filho, sem pai, só com a mãe sozinha – ou com 1 irmã; 5. Onde procurar – nas ruas, escolas e famílias; 6. Como fisgar – aulas de violão, coralzinho, coroinha; 7. Importantíssimo – prender a família do garoto; 8. Possibilidades – garoto – carinhoso – calmo – carente de pai, sem bloqueios – sem moralismos.”

Sobre o grande erro que a Igreja Católica cometeu – e certamente ainda comete – em acobertar crimes de abuso sexual contra crianças e adolescentes, há dois filmes realizados pela famosa estatal canadense *National Film Board of Canada*, em 1992, intitulados *Os meninos de São Vicente (The Boys from*

Saint Vincent). Dirigido por John N. Smith, os filmes baseiam-se em fatos reais que ocorreram em um orfanato masculino, dirigido por padres, na longínqua província da Terra Nova (*Newfoundland*). O primeiro filme narra os fatos que aconteceram com os meninos, de acordo com os relatos das vítimas, e o segundo descreve o julgamento dos padres, transcorridos 15 anos. Apesar de longo, os filmes demonstram com precisão o sofrimento que o histórico de abuso sexual causou nas vítimas, sofrimentos que se prolongaram até a fase adulta.

Psicoterapeutas e pesquisadores que atuam com pedófilos afirmam que eles apresentam raciocínios tortuosos para justificar, atingir e manter as ações envolvidas no abuso sexual infantil. A primeira distorção cognitiva é defender que o abuso sexual faz bem à criança ou adolescente, pois se trata de um tipo de ritual de iniciação. Chegam a afirmar que estão fazendo um favor à criança e quando terapeutas argumentam sobre os possíveis danos causados, negam as consequências nefastas apontadas pela literatura, contra-argumentando, por exemplo, que seriam invencionices de psicólogos...

Outro erro conceitual envolve culpar a criança pelo abuso sexual sofrido, dizendo que foi ela quem o procurou e provocou, enquanto ao mesmo tempo se eximem de culpa, não assumindo responsabilidade pelos delitos praticados. Em resumo, as distorções cognitivas caracterizam-se por negar, minimizar o ocorrido e racionalizar o feito, afirmando que o sexo foi benéfico para a criança.

Tais crenças inadequadas reforçam as atividades sexuais praticadas contra as crianças e adolescentes. Por exemplo, um ofensor pode pensar "*se a criança não resistiu à minha investida é porque ela estava gostando*", sem levar em conta que raramente a criança teria condições de dizer não a um adulto, quando esse a surpreende ou atemoriza. Assim, eles interpretam comportamentos inocentes e espontâneos de crianças – sentar no colo, por exemplo – como um comportamento erotizado. Adicionalmente, pelo fato de terem baixo teor de empatia, pedófilos não fazem uma leitura adequada das emoções que as crianças sentem.

A dificuldade em assumir a perspectiva do outro é tão frequente em ofensores sexuais que alguns clínicos experientes afirmam que a ausência ou não da empatia irá determinar a possibilidade de reincidência, ou seja, uma nova ofensa sexual à criança. Há um estudo na Grã-Bretanha, comparando 505 ofensores sexuais da internet (*virtual*) com 526 ofensores sexuais de "contato" (não virtual). O grupo do ofensor da internet apresentou menos distorções em medidas de empatia do que os ofensores sexuais que não utilizavam a internet, sendo os últimos menos assertivos e mais fantasiosos. Pesquisas recentes têm demonstrado que o grupo de ofensores sexuais não pedófilos apresenta mais indicadores de psicopatia do que os pedófilos. Finalmente, há que se dizer que há graduações para a periculosidade dos ofensores sexuais: alguns (possivelmente a maioria) abusam de poucas crianças, outros persistentes fazem um número de vítimas maior, sendo mais resistentes ao tratamento. O que sabemos sobre esse último grupo de ofensores sexuais?

São pessoas que, geralmente, além do transtorno da pedofilia, têm outros problemas psiquiátricos, como depressão, ansiedade ou sadismo, a personalidade antissocial ou psicopatia, apresentando muita instabilidade em seus estilos de vida. A impulsividade, o abuso de álcool e outras drogas, o desemprego crônico e uma história persistente de violação de direitos são frequentes nos casos mais graves de ofensores sexuais. As pesquisas têm apontado que os ofensores reincidentes, com frequência, cresceram em um ambiente muito hostil, impregnado de episódios de violência física e sexual na infância. Muito frequentemente, tais ofensores enfrentam as situações que geram estresse no dia a dia por meio de fantasias ou atos sexuais ilícitos.

Felizmente, são raros os casos graves de pedofilia com psicopatia causando homicídios. Em contrapartida, os ofensores sexuais que atacam crianças em surdina, quase sem deixar vestígios não são nada raros. Para adentrar a cabeça de um pedófilo, acompanhando suas distorções de pensamento, estratégias de sedução e artimanhas empregadas para se autoafirmar como cidadão íntegro em sua comunidade, recomendo o livro *Lolita*, do excepcional escritor russo--americano Vladimir Nabokov. *Lolita*, extremamente bem escrito no início da década de 1950, antecipou, pela genialidade de seu autor, muito do que sabemos sobre abuso sexual infantil. Infelizmente, *Lolita* não é compreendido transcorrido mais de meio século. Embora a obra não seja mais considerada pornográfica e não provoque hoje o escândalo que causou quando foi lançada, ela ainda gera preconceito, demonstrando que as pessoas em geral estão longe de acompanhar a complexidade e minúcias envolvidas na dinâmica do abuso sexual praticado contra a criança e o adolescente. Cito um exemplo apenas: em uma ocasião em que comentei com uma conhecida que estava estudando *Lolita* para dar uma palestra sobre o assunto, a pessoa me respondeu: *"Mas Lolita não era nenhuma santinha, ela provocava e seduzia o seu padrasto..."*

A ideia de que a criança (Lolita tinha 12 anos na ocasião) seduz o ofensor sexual não só perdura no imaginário de leigos como está impregnada, todavia, nas decisões de operadores de Direito no Brasil. No caso de Lolita, fica fácil contra-argumentar utilizando a lógica. Como o livro é escrito na primeira pessoa, como uma confissão de um pedófilo, tudo o que Humbert Humbert (o padrasto) narra é fruto do viés de sua ótica. Era conveniente para ele descrever Lolita como sendo sedutora, pois como já vimos, essa é uma das principais técnicas utilizadas por indivíduos com pedofilia para conseguirem transgredir as normas da sociedade.

Na prática diária, ao se adotar uma visão que culpabiliza a vítima, quem sai perdendo é a criança brasileira. Enquanto escrevo este texto, acompanho preocupada (para não dizer estarrecida) a decisão do Superior Tribunal de Justiça (STJ) que manteve a absolvição de um homem acusado de abusar sexualmente de três crianças de 12 anos. Segundo a Corte, as meninas já se *"prostituíam"* antes do suposto crime, ou seja, *"já se dedicavam à prática de atividades sexuais desde longa data"*... *"A prova trazida aos autos demonstra, fartamente, que as vítimas, à época dos fatos, lamentavelmente, já estavam longe de serem inocentes, ingênuas, inconscientes e desinformadas a respeito do sexo."*

Surpreende-me, a princípio, um órgão de justiça empregar uma palavra anacrônica como prostituição para se referir à prática de fazer sexo com crianças. A terminologia correta é exploração sexual infantil, pois longe de ser uma profissão eletiva, a criança vitimizada por abuso sexual ou outros tipos de maus-tratos (como a negligência parental), nessa via crúcis desemboca, causando uma vida inteira de sofrimento, se não amparada. O segundo estranhamento é a constatação do descompasso da Justiça com o proposto pelo Estatuto da Criança e do Adolescente – ECA (que será abordado futuramente nesta obra), no sentido de encarar a criança como um ser em fase de desenvolvimento e, portanto, da necessidade de sua inteira proteção por parte da sociedade. O terceiro estranhamento é a confirmação de que o Brasil ainda patina no conhecimento do fenômeno do abuso sexual infantil, a começar por parte de nosso Judiciário.

Felizmente, a sensibilidade da arte nos resgata. Temos, por exemplo, o excelente filme de 2006, *Anjos do Sol*, do diretor gaúcho Rudi Langemann, ilustrando com perfeição o drama vivenciado por crianças e adolescentes brasileiras que sofrem exploração sexual.

CONSEQUÊNCIAS A CURTO E LONGO PRAZO DO ABUSO SEXUAL NA INFÂNCIA OU ADOLESCÊNCIA

O abuso sexual praticado por quem quer que seja (isto é, provocado por uma pessoa com pedofilia ou por um ofensor sem o transtorno) causa, com frequência, efeitos muito nocivos à criança e ao adolescente, sendo que tais efeitos poderão persistir até a fase adulta, se certas providências não forem tomadas. A definição de abuso sexual infantil considera-o como uma modalidade de maus-tratos ou violência praticada contra a criança/adolescente, envolvendo ou não contato físico, como no caso de voyeurismo ou exibicionismo e, no final do livro, veremos como a lei brasileira o define.

Quais os efeitos a curto prazo documentados na clínica e em pesquisas sobre o abuso sexual praticado na infância? Tal abuso é considerado um *fator de risco* para diversos problemas que serão apresentados a seguir. O problema que talvez mais chame a atenção refere-se a comportamentos sexualizados inapropriados por parte da criança, como por exemplo, um comportamento notadamente erotizado, a masturbação em público, toques sexuais indesejados em outras crianças ou adultos, verbalizações excessivas de conteúdo sexual ou um conhecimento sobre sexo incompatível com a faixa etária.

Adicionalmente, a criança poderá apresentar sintomas de ansiedade, como medos fortes e pesadelos. Quando os sintomas de ansiedade forem muito intensos, há a possibilidade de a criança/adolescente apresentar Transtorno de Estresse Pós-Traumático (TEPT), quadro caracterizado pelo fato de a criança reviver o episódio do abuso em recordações ou brincadeiras, *flashbacks* ou pesadelos dolorosos, acompanhado de um entorpecimento emocional (desinteressando-se de atividades que antes lhe eram prazerosas) e uma excitação fisiológica crônica, na qual ela pode ter respostas de sobressalto ou sustos exagerados, distúrbios no sono e passar a evitar lugares associados ao episódio do abuso sexual, ou mesmo se recusar a falar sobre esse acontecimento traumático.

A lista continua: o abuso sexual pode ser *risco* para depressão e sintomas de menos-valia em crianças/adolescentes, isolamento, dores ou doenças somáticas (dor de cabeça, dor no estômago, etc.), surgimento de problemas de agressividade que antes do abuso não ocorriam, problemas na escola (notadamente falta de concentração, falta de interesse e notada queda no desempenho escolar). Pode ocorrer, ainda, o surgimento de comportamentos regressivos por parte da criança (se ela já falava com fluência pode voltar a gaguejar, ou precisar usar fraldas quando já era independente para ir ao banheiro). A criança/adolescente poderá, ainda, fugir de casa, se o abuso lá ocorrer. Uma pesquisa realizada pela Universidade de Brasília constatou que 50% dos meninos e meninas de rua do Distrito Federal sofreram abuso sexual. Sobretudo nos casos graves de abuso sexual, a vítima poderá apresentar comportamentos autolesivos (ela mesma se fere), pensar em se matar ou fazer planos nesse sentido e apresentar comportamentos bizarros (como deitar-se em posição fetal, por exemplo), que são caracterizados como uma espécie de fuga da realidade ou *dissociação*.

A palavra *risco* é fundamental de ser compreendida, pois ela implica em acontecimento probabilístico, não sendo definitivo – tudo dependerá de inúmeras circunstâncias e de *fatores de proteção* que serão analisados em breve. Cabe salientar também que os diversos possíveis sintomas elencados acima poderão ser desencadeados *por outras circunstâncias que não o abuso sexual*, não sendo exclusivos deste a não ser em relação aos comportamentos sexualizados que geralmente são mais específicos do abuso sexual. Isso torna a avaliação sintomática da ocorrência de abuso sexual, algo extremamente complexo para o especialista, que requer muito conhecimento e cuidado.

Por que o abuso sexual causa tanto dano à criança ou ao adolescente? Inerente à definição de abuso está a questão do *desequilíbrio de poder* entre um adulto e um ser em formação. Ou seja, o adulto é fisicamente forte e amadurecido – a criança tem o corpo frágil em comparação, sendo imatura em todos os aspectos de seu desenvolvimento. A criança apresenta comportamentos sexualizados desde a mais tenra idade, mas o desenvolvimento sexual saudável é gradativo – a criança sente um misto de curiosidade e repulsa em relação ao sexo, até incorporá-lo com desenvoltura à medida que cresce. Soma-se a isso, o problema de a sexualidade humana ainda ser tabu – e a criança sabe imediatamente que transgrediu regras sociais, gerando vergonha, reclusão e silêncio. Finalmente, o fato de esse adulto estar numa posição de confiança, justamente por ser uma pessoa com status diferenciado da criança na sociedade, seja em função da idade, do conhecimento ou do seu papel, tudo isso gera quebra de confiança e o surgimento de problemas emocionais que, para muitos especialistas, são mais graves do que as transgressões sexuais em si. Por essa razão, o abuso de natureza incestuosa, quando mais próximo (praticado pelo pai ou mãe) causa grande dano à criança, que se sente ambivalente: ela gosta do(a) seu(sua) genitor(a), mas fica confusa e temerosa pelo fato de ele ou ela abusá-la.

Os pesquisadores e clínicos têm acompanhado indivíduos adultos que sofreram abuso sexual na infância para analisar possíveis efeitos a longo prazo do mesmo. Dessa forma, o abuso sexual infantil é considerado *risco* a longo prazo para: alterações na sexualidade (como falta de prazer no sexo, pouco interesse pelo mesmo, dor durante as relações sexuais e, ainda, promiscuidade e transtornos). Juliana Rodrigues, minha ex-aluna de graduação, comparou em sua monografia de conclusão do curso de Psicologia, as concepções sobre sexualidade entre dois grupos de adolescentes da mesma faixa etária, mesmo grau de escolaridade e nível socioeconômico, mas diferindo em um critério distinto: aquelas *com* e *sem* histórico de violência sexual. As garotas sem histórico de abuso apresentavam uma visão otimista e saudável sobre sexo, fazendo planos futuros para casamentos. Em contraste, as adolescentes que sofreram violência sexual demonstravam medo de se envolver com indivíduo do sexo oposto, bem como medo do ato sexual. Nesse grupo foram encontradas ideias equivocadas acerca da sexualidade; além disso, todas as vítimas de abuso declararam não se sentirem à vontade diante de um indivíduo do sexo oposto ou do mesmo sexo do ofensor.

Adicionalmente, adultos que sofreram abuso sexual no passado podem ter risco de se sentirem isolados, ter depressão, correndo o risco não só de pensar em se matar, como também de planejar e tentar suicídio. No estudo australiano anteriormente citado, realizado com 2.485 adolescentes, as meninas que relatavam alto nível de desconforto com o abuso sexual sofrido tinham três vezes mais risco de ideação (pensar em) suicida do que as não vítimas e 29% ou 17 dessas meninas haviam efetivamente tentado se suicidar no passado, felizmente sem sucesso.

Outro risco apresentado é a baixa autoestima, resultante por vezes de toda uma vida mantendo segredo sobre o abuso sexual e dizendo para si próprio(a): *eu não valho nada, eu mereci ser abusada por ele...* Doenças somáticas são corriqueiras em adultos que tiveram vitimização sexual na infância e esses, durante a adolescência, podem apresentar fugas de casa, risco de viver na rua ou ainda a decisão precoce e apressada de viver conjugalmente com outra pessoa (às vezes, inclusive, com uma pessoa violenta) para escapar de um lar abusivo. Evasão escolar é outro risco apresentado, lembrando ainda que a gravidez na adolescência pode ser consequência de abuso sexual, pois nos casos de muita diferença de idade entre o casal, há a presunção da violência.

Quando entrevistamos pacientes psiquiátricos em regime de internação, há um desproposito de tais pessoas com histórico de abuso sexual na infância e adolescência – bem como outros tipos de maus-tratos, como a violência física, por exemplo – de modo que especialistas recomendam conduzir na entrevista rotineira com essa população, perguntas específicas para avaliar a possibilidade de tal histórico. Outro problema mais recentemente pesquisado em adultos com histórico de abuso sexual na infância é o risco de diversos tipos de transtorno de alimentação, como a bulimia, a anorexia e a obesidade mórbida (a última funcionando como estratégia inadequada de enfrentamento da ansiedade e também como forma de se tornar pouco atraente para afastar outros ofensores). Finalmente, há que se comentar sobre o risco da *intergeracionalidade* da violência, levando não só à possibilidade de novas vitimizações, mas de a vítima vir, no futuro, a praticar ofensas sexuais em crianças, tal como foi feito com ela no passado. As pesquisas indicam índices variáveis de ofensores sexuais que apresentaram histórico de abuso no passado: de 30 a 73%.

Portanto, como vimos, o abuso sexual é um evento com grande potencial traumático para o desenvolvimento da criança. Entretanto, é possível tranquilizar pais cujos filhos sofreram abuso sexual, ou mesmo adultos que o tenham sofrido no passado, argumentando que *é possível sofrer abuso sexual e não apresentar problemas persistentes.* Quando isso acontece, analisamos os *fatores de proteção* que predominam sobre os *riscos* envolvidos.

O que protegeria uma criança do abuso sexual sofrido? Em primeiro lugar, as características do abuso sexual em si: Quem foi o ofensor – lembrando que quanto mais próximo for o relacionamento com o ofensor, maior o risco de sequelas; houve mais de um ofensor? – pois, a re-vitimização sempre acarreta maiores problemas; foi duradouro e persistente ou o ato abusivo ocorreu apenas uma vez; qual a intensidade da violência sexual, física e emocional empregadas?

Adicionalmente, há dois fatores de proteção fundamentais. Em primeiro lugar, *a reação do pai/mãe não ofensor frente à revelação da criança.* Uma mãe que acredite na palavra da criança quando ela lhe conta que foi abusada por alguém e que atue no sentido de proteger tal criança – notificando o abuso para as autoridades (geralmente o Conselho Tutelar do Município), conversando serenamente com a mesma para dispersar medos e ideias errôneas que possam surgir (como por exemplo, de que a culpa foi dela) e encaminhando, se necessário, a criança para tratamento psicoterapêutico

– ajuda a minimizar os efeitos danosos do próprio abuso sexual. Em contraste, uma mãe que faz vistas grossas, "fingindo para si mesma" que o abuso sexual não ocorre (ou seja, uma mãe conivente com a situação abusiva), ou aquela que não acredita na fala da criança e não procura protegê-la do abuso sofrido, estará colaborando para aumentar expressivamente os prejuízos causados pelo abuso sexual.

Cabe aqui um aparte. É comum clínicos acharem que a mulher conivente com o abuso sexual sofrido pelos filhos é o tipo de atitude materna mais frequente. Pesquisadores, no exterior, discordam dessa posição, afirmando tratar-se de um viés, pois mães coniventes com o incesto são os casos mais graves que chegam ao consultório ou à rede de atendimento. Realizamos pesquisas em São Carlos, SP que confirmam a posição dos pesquisadores internacionais, pois constatamos que em 76% das notificações de abuso sexual do município, a mãe era a pessoa que iniciara tal procedimento na tentativa de proteger seus filhos.

Finalmente, outro *fator de proteção* importante é a resposta dada pelo Sistema Judiciário para o abuso sexual sofrido pela criança. Pesquisadores norte-americanos acompanharam longitudinalmente pessoas que haviam sofrido abuso sexual na infância. As vítimas cujo abuso havia sido condenado pelo Judiciário no passado apresentavam melhores indicadores de saúde mental. Tal fato não é surpreendente, pois tais pessoas receberam uma forte mensagem de que a sociedade havia ficado ao seu lado ao dar uma pena justa para a ofensa, mostrando solidariedade com o seu sofrimento. Em segundo lugar, em termos de qualidade de vida, estavam aquelas vítimas cujos casos foram até o Judiciário, sem haver uma condenação. Apesar de ser frustrante, restou o conforto em saber que é difícil comprovar a culpa de um ofensor sexual, havendo possivelmente, também, a oportunidade de o indivíduo elaborar o seu episódio traumático, ao torná-lo público. É preciso enfatizar que enfrentar adequadamente um episódio traumático traz alívio, enterrá-lo "debaixo do tapete" traz sofrimento. Qual o grupo de indivíduos que estava pior? Aqueles cujos casos sequer chegaram até o Judiciário, aqueles cuja voz permaneceu calada e, portanto, o silêncio reinou soberano, intensificando o trauma.

Esses fatores de risco e de proteção resultam de estudos epidemiológicos sobre a prevalência do abuso sexual e são importantes para o planejamento de ações eficazes para coibir e prevenir o abuso sexual da criança e do adolescente, assunto que trataremos a seguir. Para finalizar este capítulo, gostaria de indicar três filmes que ilustram adequadamente as consequências a curto e a longo prazo do abuso sexual.

O filme *Marcas do Silêncio* (*Bastard out of Carolina*), de 1996, dirigido pela ótima atriz Anjelica Huston em sua estreia na direção, baseia-se na história semiautobiográfica da autora Dorothy Allison. O filme tem cenas fortes, marcantes e controvertidas de abuso físico e abuso sexual da menina apelidada de Bone, por parte de seu padrasto Glen. A atriz Jennifer Jason Leigh representa a mãe de Bone e ilustra magnificamente as nuances e o impacto em Bone de ser uma mãe inicialmente negligente, mas que posteriormente protege a filha.

Para ilustrar efeitos a longo prazo do abuso sexual em meninos, sugiro *Antwone Fisher* (*Voltando a Viver*), um drama lançado em 2002 que marca coincidentemente a estreia na direção do ator, premiado com o Oscar, Denzel Washington. No filme, Denzel faz o papel de um psiquiatra que tenta ajudar Antwone Fisher, um jovem marinheiro com problemas de agressividade. Tal como no filme de Anjelica Huston, o filme de Denzel baseia-se na história verídica de Antwone Fisher, que narra em livro autobiográfico o abuso sexual e psicológico sofrido por parte da mulher que o criara.

Finalmente, *Sobre Meninos e Lobos* (*Mystic River*), dirigido em 2003 pelo inigualável Clint Eastwood, é baseado no romance homônimo do escritor Dennis Lehane. O filme narra em suspense as desventuras de Dave Boyle, desempenhado pelo ator Tim Robbins: sofrer, quando criança, um sequestro, abuso sexual e cárcere privado praticados por dois indivíduos com pedofilia, durante quatro dias seguidos. Transcorridos 25 anos dessa história traumática, o filme ilustra os desdobramentos desse episódio nas histórias entrecruzadas de dois amigos de Dave, representados pelos atores Sean Pean e Kevin Bacon, que foram testemunhas do sequestro de Dave Boyle na infância. Assim, como o próprio personagem de Tim Robbins – que nada disse a respeito da violência sofrida, nem sequer à mulher – os amigos, já adultos nada disseram, embora se sentissem culpados por testemunhar o sequestro, sem impedi-lo.

COMO PREVENIR O ABUSO SEXUAL PRATICADO CONTRA CRIANÇAS E ADOLESCENTES

Há vários níveis de prevenção. Podemos pensar nos esforços preventivos ocorrendo dentro de um contínuo no qual, em uma extremidade, encontram-se todas as tentativas para *eliminar* o fenômeno, *impedindo que ele ocorra*; no extremo oposto, temos as tentativas de *atenuar* o problema já instalado; e no meio, as gradações possíveis para que o problema, que se apresenta no início e com pouca intensidade, tenha seus efeitos e sua ocorrência *suavizados*.

Comecemos, então, com as tentativas de prevenção para *atenuar* o abuso sexual praticado contra crianças e adolescentes. Há duas iniciativas fundamentais nesse aspecto.

ENCARCERAMENTO DO OFENSOR SEXUAL

Em primeiro lugar, a sociedade precisa dar uma resposta rápida e precisa de que o abuso sexual de crianças/adolescentes não é permitido por lei, aplicando sansões impostas por lei – geralmente sob a forma de *encarceramento* (tais leis e penalidades serão apresentadas no próximo capitulo). Do contrário, impera a impunidade e a mensagem de que o delito não é grave, sendo desculpável.

Além de ser uma violação de direitos gravíssima, com sequelas por vezes irreparáveis, o abuso sexual, quando praticado pelo indivíduo com transtorno de pedofilia, apresenta, geralmente, um padrão compulsivo de comportamento, sendo tal ofensor impulsivo e com dificuldades em refrear seus delitos sexuais. Logo, ele dificilmente irá atenuar sua conduta ofensiva por conta própria, sem um basta da sociedade.

Para termos uma resposta rápida e justa da sociedade quando um delito sexual contra crianças/adolescentes é praticado, precisamos ter uma polícia preparada, operadores de Direito capacitados e um Judiciário diligente. No momento, o abuso e a exploração sexual infanto-juvenil têm taxas de condenação irrisórias no Brasil. Sei disso, pois já pesquisei esse quesito na cidade de São Carlos, SP, onde analisamos a taxa de condenações de abuso ao longo de diversos anos. Constatamos que os casos de abuso sexual eram subnotificados na primeira metade da década de 2000 e a taxa de condenação irrisória, chegando ao máximo em 6% dos casos notificados. De lá para cá, houve um aumento das notificações (falarei sobre isso em breve), mas nossa experiência clínica indica que a taxa de condenação continua muito baixa.

São Carlos não é exceção e os dados de outras cidades brasileiras refletem a mesma tendência. Há, entretanto, no Rio Grande do Sul, em algumas Comarcas uma taxa de responsabilização do ofensor sexual em torno de 70%. Esse resultado, compatível com os resultados forenses de sociedades altamente desenvolvidas, é fruto do trabalho de muitos profissionais gaúchos, liderados pelo ex-Juiz da Infância de Porto Alegre, José Antônio Daltoé Cezar que, numa atitude pioneira e corajosa, implementou um procedimento para ouvir adequadamente a criança – e contribuir para que ela com sua *fala* forneça a evidência primordial no caso do abuso sexual – denominado *Depoimento sem Dano* ou *Depoimento Especial*.

Como é esse procedimento? Ele envolve dois aspectos: 1) o preparo arquitetônico da sala de audiências para separar a criança do indivíduo acusado da ofensa sexual (uma sala com espelho unidirecional ou uma sala comum equipada com circuito de vídeo e som, de modo que o juiz, advogados e o acusado vejam a criança, mas ela não os veja ou os escute, embora saiba sobre a identidade das pessoas na sala contígua); e 2) a capacitação de profissionais da área da psicologia e do serviço social para realizar uma escuta apropriada da criança, sem a indução de erros e sem re-vitimizá-la. (O termo técnico para essa escuta da criança é *inquirição* ou *oitiva*). Esse procedimento faz jus ao fato de o Brasil ser signatário da Convenção dos Direitos da Criança e do Adolescente, no qual a criança é vista como uma cidadã de direitos e, portanto, pode e deve se pronunciar, se quiser, nos casos em que seus direitos foram violados. Felizmente, tal tipo de depoimento tem se multiplicado em vários estados brasileiros e, quem sabe, não esteja longe o dia em que seja rotina em nossas salas forenses.

Entretanto, o projeto tem encontrado barreiras inesperadas e absurdas de órgãos que deveriam estar atuando com maior propriedade para a prevenção do abuso sexual, como os Conselhos Federais de Psicologia e de Assistência Social. Não pretendo entrar em detalhes aqui, pois é uma discussão técnica sobre a qual muito já me pronunciei a respeito – mas ela envolve argumentos precários da parte dos referidos Conselhos, refletindo um desconhecimento das pesquisas sobre abuso sexual e sobre a atuação de um psicólogo forense. Basta completar que nos principais países do mundo, tal procedimento de ouvir a criança com propriedade no Judiciário é utilizado, mesmo porque além de conter o ofensor, a condenação está associada a um bom prognóstico de saúde mental para a vítima, como já vimos.

Tratamento do Ofensor Sexual

Mas o encarceramento do ofensor por si só não é suficiente. É preciso, paralelamente, que esse ofensor receba um tratamento digno e eficiente por profissionais da área da saúde capacitados e especializados. Para isso, precisamos de prisões adequadas e um grande investimento no *tratamento* de ofensores sexuais, semelhante ao movimento gerado pela ATSA (Associação para o Tratamento de Abusadores Sexuais), surgida na América do Norte. O objetivo de tal organização é justamente a *prevenção* do abuso sexual, por meio da pesquisa, educação e conhecimento de forma a promover práticas baseadas em evidências, políticas públicas e estratégias comunitárias para avaliar, tratar e lidar com indivíduos que abusaram sexualmente de crianças ou corram o risco de vir a abusá-las novamente. No Brasil, estamos longe de atingir esse patamar, pois raramente o ofensor sexual é encarcerado, havendo também poucos profissionais capacitados para atendê-lo. Dessa forma, o ofensor sexual brasileiro raramente é preso e quando o é, ele raramente é tratado, tendo, portanto, alta probabilidade de reincidir.

TRATAMENTO DE VÍTIMAS DE ABUSO SEXUAL

Assim como os ofensores, as vítimas de abuso sexual necessitam de tratamento para atenuar todos os possíveis problemas e o grande sofrimento associado ao abuso sexual sofrido. Se a vítima for criança, geralmente a psicoterapia deverá envolver os pais ou cuidadores não ofensores, que podem estar por vezes mais traumatizados do que a própria criança e necessitarão de muito apoio. Assim sendo, os objetivos da psicoterapia consistem em normalizar as reações da criança/adolescente – e dos pais não agressores – ao estresse severo, fornecendo informações sobre o abuso sexual, incentivando a esperança na recuperação e educando a família sobre aspectos diversos no manejo do comportamento da criança.

Se a vítima estiver na fase adulta, precisará avaliar os efeitos que o abuso sexual, sofrido no passado, pode ter tido em sua vida, livrando-se de quaisquer sintomas associados. Tratar vítimas do abuso sexual, além de atenuar seu sofrimento previne a re-vitimização do abuso sexual e a possibilidade de que uma vítima se transforme futuramente em um ofensor sexual.

Estamos mais bem preparados, no Brasil, para o atendimento da vítima do que do ofensor sexual. Há diversos polos de tratamento em hospitais e centros universitários que conduzem um trabalho sério com vítimas de abuso sexual, dentre os quais o Hospital Pérola Byington, em São Paulo, é referência. Adicionalmente, o governo tem se esforçado em oferecer tal tipo de atendimento, inicialmente pelo Projeto Sentinela e depois pelo CREAS (Centro de Referência Especializado de Assistência Social), ou pelo SUS (Sistema Único de Saúde).

CAPACITAÇÃO DE PROFISSIONAIS SOBRE O ABUSO SEXUAL INFANTIL

Para prevenir o abuso sexual, não basta apenas capacitar profissionais de saúde, policiais e operadores de Direito. A ISPCAN (*International Society for Prevention of Child Abuse and Neglect*) ou Sociedade Internacional pela Prevenção do Abuso e Negligência Infantil é uma entidade global que reúne pesquisadores, profissionais e ativistas de diversos ramos interessados na prevenção dos diversos tipos de maus-tratos praticados contra a criança e o adolescente. A ISPCAN acredita que uma das maneiras mais eficientes de realizar tal tipo de prevenção é por meio da capacitação de profissionais para que não tenham um conhecimento superficial sobre o assunto. Assim, para a promoção dessa causa, precisamos capacitar médicos e merendeiras, policiais e professores, psicólogos e dentistas, conselheiros tutelares e juízes, advogados e agentes comunitários – enfim, todos os que trabalham direta e indiretamente com e para crianças/adolescentes.

No LAPREV (Laboratório de Análise e Prevenção da Violência), filiado à Universidade Federal de São Carlos (www.ufscar.br/laprev), temos uma longa experiência em oferecer cursos diversos de capacitação a pais e profissionais. Uma das experiências mais encorajadoras que tivemos foi a atuação no Projeto *Escola que Protege*, desenvolvido pelo MEC/SECADI, voltado para a capacitação de profissionais diversos (com ênfase em educadores) e desenvolvimento de matérias para a prevenção da violência contra a criança/adolescente e a violência na escola. Ao longo de três anos tivemos a oportunidade de oferecer cursos a cerca de 2.000 mil profissionais do estado de São Paulo, sendo quase metade de tais profissionais oriundos da capital.

Lembram-se do caso Zé da Pipa, de Catanduva? Essa cidade ficou verdadeiramente traumatizada com a descoberta da rede de pedofilia. O fato de todas as crianças vitimizadas terem estudado na mesma escola fez com que a comunidade se sentisse culpada por não ter identificado o problema no início, antes do sofrimento de tantas crianças. Fizemos uma reunião em Catanduva preparativa do projeto *Escola que Protege*, na qual estava presente o Prefeito e diversos Secretários Municipais, diretores de escola, professores e profissionais diversos da Rede de Proteção à Criança e ao Adolescente – o sentimento unânime era de que a cidade aproveitaria a capacitação para "dar a volta por cima" e preparar-se para a prevenção de problemas similares no futuro.

Uma das atividades por nós propostas para o projeto Escola que Protege, na cidade de Catanduva (e outros municípios), foi o planejamento de atividades diversas para marcar o dia 19 de novembro como o *Dia Mundial da Prevenção do Abuso e Violência contra Crianças*. Essa data é proposta por uma organização de Genebra filiada à ONU – a *Women's World Summit Foundation* – WWSF (http://www.woman.ch) para marcar, em todo o mundo, ações que demonstrem que a violência contra a criança é passível de prevenção. Ainda fico emocionada ao me lembrar de algumas das ações desenvolvidas pela cidade de Catanduva no dia 19 de novembro, durante o projeto *Escola que Protege*. Dentre outras atividades, o município tinha um carro que percorria as ruas da periferia da cidade, com alto falante tocando uma linda canção, seguida por dizeres que explicavam o propósito do Dia 19 de Novembro e que a cidade estava unida na meta de prevenir o abuso de crianças. Não só isso é um exemplo marcante de como a união de pessoas pode fazer a diferença em qualquer tipo de campanha, como também de que é possível haver "crescimento pós-trauma", sendo o sofrimento seguido por emoções positivas e saudáveis.

REALIZAR PESQUISAS SOBRE OFENSORES E VÍTIMAS DE ABUSO SEXUAL

Investir em pesquisas é uma forma eficaz de prevenir um fenômeno. Hoje sabemos muito mais do que na década passada sobre o ofensor sexual – mas ainda temos carência de estudos sobre a etiologia da pedofilia, pois investimos pouco nesse tipo de pesquisa. No Brasil sequer temos, ainda, estudos epidemiológicos que indiquem a frequência do abuso sexual em todo o país, o que é fundamental para monitorarmos se as ações preventivas atingem os efeitos desejados. Do mesmo modo, seria pertinente termos estudos sobre a prevalência da exploração sexual de crianças e adolescentes brasileiros.

Novas informações estão constantemente surgindo, sobretudo nas pesquisas internacionais. Existe hoje um doutor em criminologia e pesquisador nos Estados Unidos que foi, na juventude, preso por ofensas sexuais a crianças. Em um artigo corajoso – da parte do autor e da revista da ISPCAN que o publicou – Brian Oliver narra como se tornou um ofensor: era tímido, sem amigos e com poucas habilidades sociais na adolescência, com dificuldades na escola, vendo inicialmente nas crianças apenas uma fonte de apoio, que se transformou posteriormente em contatos erotizados.

Com base em sua história de vida e com respaldo da literatura, Oliver identifica os fatores de risco para um adolescente abusar sexualmente de crianças:

1) ter poucos amigos e passar muito tempo com crianças pequenas;

2) relatar para as pessoas que sente atração sexual por crianças (em seu caso, Brian Oliver contou sobre isso a um professor e esse, possivelmente por desconforto, ignorou a fala);

3) masturbação compulsiva envolvendo fantasias sexuais com crianças;

4) ter conversas explícitas envolvendo a temática do sexo com crianças;

Mas Oliver vai além da descrição de seu histórico, propondo três estratégias para reduzir o abuso sexual de crianças por adolescentes:

1) conversar com jovens, no início da puberdade, sobre os danos causados pelo abuso sexual (ele disse que, no seu caso, não fazia a menor ideia de que o abuso sexual fosse tão prejudicial à criança);

2) conversar com jovens sobre os perigos de se engajarem em fantasias sexuais envolvendo crianças;

3) intervir (oferecendo ajuda) assim que os jovens apresentarem os sinais de risco acima identificados.

Cabe lembrar aqui, que a ofensa sexual por parte de jovens é muito frequente, sendo a etapa de desenvolvimento humano em que o transtorno da pedofilia se manifesta. O próprio Brian Oliver apresenta dados de revisão indicando que 40% de ofensores de crianças de 6 anos nos EUA, na década de 1990, eram jovens e, na Inglaterra, essa taxa foi equivalente a 35%. No Brasil, qualquer profissional que tenha contato com adolescentes em conflito com a lei na Fundação CASA ou entidade similar sabe que a taxa de ofensa sexual por jovens também é alta.

POLÍTICAS PÚBLICAS E LEIS PARA DETER E PREVENIR O ABUSO SEXUAL

Outra forma de atenuar ou amenizar os efeitos do abuso sexual seria lutarmos por legislações que consigam enfrentar a complexidade do fenômeno. No *I Encontro Internacional sobre Violência na Família: Abuso Sexual Infantil* que organizei em 2007, na Universidade Federal de São Carlos, a criminologista e pesquisadora Alison Cunningham relatou os esforços que o Canadá fez nas duas últimas décadas para prevenir o abuso sexual, sendo que duas iniciativas me chamaram a atenção:

a) conscientizar toda a sociedade sobre os efeitos do abuso sexual, de modo que não faça vista grossa ao assunto (e nesse aspecto, a conscientização da mídia é fundamental);

b) alterar as leis, de forma que estas possam enfrentar o problema apropriadamente.

Uma dessas estratégias consistiu em alterar a lei canadense, evitando a prescrição do delito sexual – ou seja, um indivíduo adulto pode denunciar o abuso cometido por alguém durante a sua infância, justamente por compreender que é difícil para a criança revelar o abuso. Tal estratégia foi responsável pela condenação de vários casos, muitos envolvendo padres da Igreja Católica.

Similarmente, no Brasil, temos a lei *Joanna Maranhão* (Lei 12.650/2012), em vigor desde 18 de maio de 2012, que altera o prazo de prescrição dos crimes sexuais praticados contra crianças e adolescentes. Tal projeto foi proposto pela CPI da Pedofilia, em 2009, garantindo à vítima mais tempo para denunciar o ofensor, pois o tempo de prescrição passa a contar a partir da data em que a vítima do crime completar 18 anos (e não na data do crime como diz hoje o Código Penal). O projeto traz o nome da nadadora brasileira *Joanna* de Albuquerque *Maranhão* Bezerra de Melo, que denunciou o abuso sexual sofrido por parte de um ex-treinador quando ela tinha apenas 9 anos. Joanna afirmou que o abuso sexual sofrido foi responsável pelo fato de ela ter tomado antidepressivos por 12 anos, período em que se calara sobre o assunto. Convém mencionar que Joanna foi processada na Justiça pelo ex-técnico de natação, o que seria impensável no Canadá, uma vez que de tal maneira, nenhuma vítima poderia notificar abuso sexual. No Brasil, não existe ainda esse tipo de cuidado, sendo que profissionais, como por exemplo psicólogos que emitem laudos confirmando as evidências de abuso sexual na criança, são intimidados pela pessoa incriminada na ofensa sexual, não havendo ainda proteção específica do Estado ou de entidades de classe para tais profissionais.

ALIENAÇÃO PARENTAL

Há leis, entretanto, que mais atrapalham do que ajudam. Uma lei com alto potencial de ser um complicador para vítimas de abuso sexual e seus familiares é a Lei no. 12.318, aprovada em agosto de 2010, que dispõe sobre *Alienação Parental*. O que vem a ser alienação parental?

A lei especifica que alienação parental consiste na interferência na "formação psicológica" da criança/adolescente, "promovida ou induzida por um dos genitores, pelos avós ou pelos que tenham a criança ou adolescente sob a sua autoridade, guarda ou vigilância, para que repudie o genitor ou que cause prejuízo ao estabelecimento ou à manutenção de vínculos com este". A lei exemplifica as seguintes formas de alienação parental: realizar campanha de desqualificação da conduta do genitor no exercício da paternidade ou maternidade; dificultar o exercício da autoridade parental; dificultar contato de criança ou adolescente com o genitor; omitir deliberadamente do genitor informações pessoais relevantes sobre a criança ou adolescente, inclusive escolares, médicas e alterações de endereço; apresentar falsa denúncia contra o genitor, contra os familiares deste ou contra os avós, para obstar ou dificultar a convivência deles com a criança ou adolescente; mudar o domicílio para local distante, sem justificativa, visando a dificultar a convivência da criança ou adolescente com o outro genitor, com os familiares deste ou com os avós, entre outras.

Tal lei foi aprovada no Brasil sem a devida discussão por parte da população e de especialistas. Na ocasião, defensores dos direitos da criança e profissionais da saúde celebraram, pois todos conheciam alguém, geralmente durante uma separação conflituosa, que praticara "alienação parental", traumatizando a criança. Entretanto, ao se fazer uma análise cuidadosa das dificuldades envolvidas nessa lei, é a criança brasileira que talvez saia perdendo.

A lei sobre alienação parental originou-se no Projeto de Lei (PL) no. 4.053 do Deputado Regis de Oliveira e apoiou-se, em sua justificativa, na concepção teórica da existência da *"Síndrome de Alienação Parental"* (SAP), proposta por Richard Gardner, um controvertido psiquiatra americano. Gardner nunca conseguiu convencer a comunidade científica sobre a existência da SAP, por não existir dados de pesquisa comportamentais comprobatórios. Essa é a principal razão pela qual a SAP não foi incorporada no *Manual Diagnóstico Estatístico de Doenças Mentais* (DSM-IV), embora até hoje seus adeptos (Gardner suicidou--se em 2003), façam tentativas para que isso seja revisto. (A propósito, tampouco a SAP será incorporada ao DSM-V). Isso significa que a Associação Médica Americana, a Associação Psiquiátrica Americana e a Associação Americana de Psicologia não reconhecem a existência da SAP. Tal fato *não significa negar a existência da alienação parental,* e sim afirmar que, ao praticar tal ato o pai ou mãe pratica violência emocional contra seus filhos, movido(a) por emoções negativas (raiva, vingança) e não que o adulto ou a criança seja portador de uma síndrome.

O PL no. 4.053, que deu origem à Lei 12.318, apoiou-se na afirmação decorrente de Gardner de que há um crescimento "de forma alarmante" de falsas denúncias de abuso sexual. Tal afirmação não é apoiada em dados de pesquisa, que apontam exatamente o inverso: como já vimos, apenas um número muito reduzido de casos de abuso sexual vem à tona em decorrência da complexidade envolvida no fenômeno. Dentre tal número restrito de denúncias, há, sim, falsas denúncias, mas essas são em proporções diminutas e geralmente um produto mais da sugestionabilidade de profissionais mal preparados para lidar com temas complexos como o abuso sexual, do que falsas acusações do pai ou da mãe contra o outro. Ademais, quando a criança é manipulada por um dos pais, tal situação é identificada por um especialista de saúde mental ou da equipe psicossocial jurídica, devidamente capacitada.

Quando um dos pais aliena o outro, manipulando os sentimentos da criança e privando-a da convivência com o(a) genitor(a), essa atitude é típica de violência emocional — violação grave de direito já contemplada em nossa Constituição Federal do Brasil (artigo 227: "É dever da família, da sociedade e do Estado assegurar à criança e ao adolescente, com absoluta prioridade, o direito à vida, à saúde, à alimentação, à educação, ao lazer, à profissionalização, à cultura, à dignidade, ao respeito, à liberdade e à convivência familiar e comunitária, além de colocá-los a salvo de toda forma de negligência, discriminação, exploração, violência, crueldade e opressão."); e no Estatuto da Criança e do Adolescente (artigo 3: "A criança e o adolescente gozam de todos os direitos fundamentais inerentes à pessoa humana, sem prejuízo da proteção integral de que trata esta Lei, assegurando-se-lhes, por lei ou por outros meios, todas as oportunidades e facilidades, a fim de lhes facultar o desenvolvimento físico, mental, moral, espiritual e social, em condições de liberdade e de dignidade").

Adicionalmente, a legislação prevê consequências para o delito de *calúnia* e *difamação* a quem espalhar *falsas denúncias*, seja quem for, portanto membro da família ou não. Assim sendo, a Lei no. 12.318 é, no mínimo, desnecessária, e contraproducente. Vejamos por que razão.

O Brasil é aparentemente um dos únicos países a ter uma lei específica para coibir a alienação parental.

Por que os demais países com longa tradição na luta pelos Direitos da criança e do adolescente jamais criaram uma lei baseada na Síndrome de Alienação Parental (SAP)? Há estudos epidemiológicos mostrando a prevalência da SAP na população mundial ou brasileira? Se sim, desconheço. Há instrumentos psicológicos validados para medir SAP, seja na criança ou no adulto que aliena? Também desconheço. Penso que é complicado ter lei que não se respalda fortemente em pesquisas e sim em falsas premissas. Por essas razões, o braço da ONU que se especializa em mulheres se pronunciou tão logo essa lei foi aprovada no Brasil, afirmando que a legislação corria o risco de ser prejudicial para a mulher vítima de violência, pois, ao denunciar a violência sofrida, a vítima poderá sofrer retaliações do companheiro, afirmando falsamente que a companheira está alienando seus filhos ao acusar as agressões conjugais.

Imaginemos um casal separado que tem um relacionamento cordial, cuja filha pequena more com a mãe. Após uma visita paterna, a mãe nota comportamentos sexualizados inapropriados na criança e essa lhe faz uma revelação de abuso sexual da parte do pai. A mãe toma, então, as providências cabíveis – notifica o abuso e impede (via solicitação na Justiça) que a filha veja o pai, como forma de proteção da criança. Essa mãe não poderia ser acusada de alienação parental, embora *aparentemente* a sua conduta seja "alienadora". Ou seja, nos casos de denúncias de abuso sexual, não se deveria pensar em primeira hipótese na alienação parental, pois do contrário as notificações maternas ou paternas de abuso sexual – que são mais frequentes do que problemas de alienação parental, ainda que subnotificadas – jamais seriam possíveis.

Infelizmente, não é o que tem acontecido na prática. Muitos juízes não ouvem a criança que revelou abuso sexual e imediatamente atribuem o rótulo de alienação parental à mãe que denunciou o abuso sexual. Há relatos, inclusive, de juízes que, sem ouvir apropriadamente a criança, devolvem a guarda a um pai acusado de abuso sexual, alegando alienação parental, mesmo sendo o Brasil signatário da Convenção sobre os Direitos da Criança (ONU), cujo artigo 12.2 afirma que a criança deve ser ouvida "em todo processo judicial ou administrativo que afete a mesma".

A lei provocou pelo menos uma fatalidade decorrente de abuso físico paterno, ocorrido no Rio de Janeiro e muito discutido pela imprensa – o caso Joana. Em síntese, os pais de Joana não tinham relacionamento conjugal desde o nascimento da menina em 2004. A mãe de Joana, uma médica, busca a justiça para Joana receber visitas e pensão do pai, o que passa a acontecer em 2007. Entretanto, após a filha apresentar marcas de abuso físico após a visita paterna, a mãe de Joana notifica o pai da criança por maus-tratos. Em maio de 2010 a mãe perde a guarda da criança sob a alegação judicial de alienação parental, indo Joana morar com seu pai e madrasta. O pai de Joana tinha um histórico de inúmeros Boletins de Ocorrência prévios por agressões a outras mulheres e o Judiciário não se deu conta. Em julho de 2010, Joana é levada pelo pai até o hospital apresentando sintomas de convulsão, queimaduras e hematomas por todo o corpo. Em agosto de 2010, Joanna veio a falecer devido a uma meningite viral originada por herpes.

Portanto, é preciso muito cuidado com acusações simplistas de alienação parental – e mais uma vez, precisamos de profissionais nas áreas do judiciário e da saúde – dentre outras – capacitados sobre os maus-tratos contra a criança e o abuso sexual infantil.

INICIATIVAS DE PREVENÇÃO DE ORGANIZAÇÕES NÃO GOVERNAMENTAIS EM PARCERIA COM O SISTEMA PÚBLICO

Há diversas organizações não governamentais internacionais que atuam ativamente para prevenir o abuso sexual da criança e do adolescente. Longe de fazer uma lista exaustiva, darei apenas dois exemplos de atuação.

O instituto WCF-Brasil é o braço brasileiro da World Childhood Foundation, órgão criado pela Rainha Silvia da Suécia, que tem sido uma liderança internacional na prevenção do abuso e exploração sexual da criança e do adolescente. A Rainha Silvia tem fortes laços com o Brasil (tem mãe brasileira) e olha com carinho para as atuações preventivas de abuso sexual em nosso país. Por exemplo, com o apoio do WCF foi realizada uma pesquisa que apontou a existência de 241 rotas nacionais e internacionais de exploração sexual da criança e do adolescente. A Secretaria de Direitos Humanos – órgão que atua vigorosamente para a prevenção do abuso sexual, dentre outras formas de violação de direitos, identificou pelo menos 937 municípios brasileiros onde ocorre a exploração sexual de crianças/adolescentes. Em parceria com a Universidade Federal do Rio Grande do Sul, (Elder Cerqueira Santos e outros pesquisadores, coordenados pela Professora Silvia Koller), o WCF realizou um bonito estudo com caminhoneiros brasileiros, comparando o grupo que seria "cliente" e "não cliente" da exploração sexual de crianças. Aqueles que se autodeclararam como "clientes" (85 em 239, ou 35,5%) não diferiram dos não clientes quanto a aspectos demográficos e profissionais. Entretanto, eles informaram passar mais tempo esperando a carga, costumavam sair mais com profissionais do sexo adultas e ter menos conhecimentos sobre os direitos das crianças. Tal estudo forneceu subsídios para técnicas preventivas, o que o WCF tem feito sob a forma de panfletos explicativos e cursos dados a caminhoneiros.

A ECPAT (*End Child Prostitution, Child Pornography, and Trafcking of Children for Sexual Purposes*) é um órgão surgido originalmente na Tailândia em resposta ao grande número de crianças e adolescentes exploradas sexualmente no país. A ECPAT tem sido responsável por um movimento global de combate e prevenção da exploração sexual infantil, a pornografia, o turismo e o tráfico sexual de crianças e adolescentes. No ano de 2008, a ECPAT realizou um grande congresso internacional no Rio Janeiro, com expressiva participação do governo brasileiro, onde foi elaborada uma carta refletindo inúmeras ações de prevenção de tais problemas. Quando você frequentar um Hotel brasileiro repare, no balcão do lobby ou nos elevadores, em panfletos e informações preventivas da exploração sexual de crianças. Trata-se de um esforço de vários setores integrados para que o Brasil não seja um local de turismo sexual escolhido por indivíduos com pedofilia.

É preciso mencionar também as iniciativas governamentais e privadas de fazer denúncias ou pedir auxílio. Pelo Disque 100, órgão afiliado à Secretária de Direitos Humanos da Presidência da República (também chamado de Disque Denúncia Nacional), é possível à criança ou a um adulto fazer denúncias de abuso e exploração sexual. Adicionalmente, pelo www.denuncie.org.br da SaferNet, é possível fazer denúncias (e acompanhá-las) sobre crimes na internet, como a exibição de pornografia infantil.

Os pais podem prevenir o abuso sexual dos seus filhos na medida em que atuarem com responsabilidade sobre o uso saudável da internet, conversando com os filhos com regularidade a respeito dos perigos envolvidos e monitorando o uso não só da internet como de outros recursos tecnológicos, como celulares, por exemplo. Para refletir sobre o uso seguro da internet, recomendo o drama *Confiar* (*Trust*), de 2010, dirigido por David Schwimmer (o Ross da série "*Friends*"), em que o ator Clive Owen faz o papel de pai de uma adolescente de 14 anos que se envolve com um indivíduo mais velho, que se faz passar por jovem para abusar de suas vítimas.

ENSINAR PROFESSORES, ESTUDANTES E PAIS A PREVENIR O ABUSO SEXUAL

Quanto a tentativas de prevenção do abuso sexual contra a criança *antes de o fenômeno ocorrer*, gostaria de inicialmente descrever dois exemplos, ambos oriundos de teses de doutorado defendidas por pesquisadores do Laprev. Rachel de Faria Brino, hoje minha colega na Universidade Federal de São Carlos, iniciou seu interesse na área de abuso sexual ainda como estagiária de graduação, atendendo vítimas de tal violência no final da década de 1990. Uma de suas primeiras constatações foi a de que a escola não estava preparada para ajudar tais crianças. Como resultado, Rachel, em seu mestrado, procurou inicialmente avaliar quais eram as concepções das professoras sobre abuso sexual infantil, constatando que, no início da década passada, tais profissionais sabiam pouco sobre o assunto e tal conhecimento restrito não era proveniente de leituras, cursos ou reflexões, mas, sim, de informações dadas em programas de auditório. Em seguida, Rachel Brino ofereceu um curso a professoras do sistema infantil, porém como não foi possível ofertar tal curso durante o expediente da escola, poucos educadores participaram (apenas 11), mas o resultado final, em relação aos que completaram o curso, foi muito positivo.

Em seu doutorado, Rachel conseguiu realizar uma parceria com a Secretaria Municipal de Educação do Município de São Carlos para capacitar 101 educadores do Ensino Infantil (Pré-escola) ao longo de 12 semanas. O objetivo era que tais educadores aprendessem sobre o abuso sexual de crianças, de forma a se transformarem em agentes multiplicadores de prevenção. Assim, cada educador veio a oferecer uma oficina para os pais de sua classe e outra para as crianças, envolvendo jogos e dramatizações, para um total de quase três mil crianças e 2.732 familiares de tais crianças. Como as crianças eram pequenas (pré-escolares), as oficinas com elas ensinavam a se proteger de investidas de adultos sem a necessidade de mencionar a palavra sexo.

Um filme utilizado nesse projeto que foi particularmente útil para a capacitação dos educadores foi *A Sombra da Dúvida* (*L'Ombre du Doute*), excelente filme francês dirigido por Aline Issermann, em 1993. O filme narra a revelação de abuso sexual da parte de Alexandrine, uma menina de 11 anos e o papel da escola no desdobramento do caso, além do trabalho em rede para proteger a criança, a intervenção com toda a família, ressaltando a alteração do papel de sua mãe que, inicialmente omissa, passa a apoiar Alexandrine. Enfim, um filme primoroso.

Os resultados do programa foram muito encorajadores, tanto para os professores, quanto para as crianças e familiares. Além disso, medimos o impacto indireto que o programa teve no município, acompanhando o número de notificações de abuso sexual infantil ao longo de quatro anos (antes, durante e após o encerramento da capacitação dos professores). Comparando-se o último ano com o primeiro, houve praticamente o dobro de notificações de abuso sexual. Certamente, como pesquisador, não é possível afirmar que esse aumento foi fruto exclusivo do programa de capacitação. Entretanto, ele certamente teve uma contribuição pertinente, na medida em que surgiram notificações de abuso sexual de crianças em faixa etária pré-escolar (fato que nos anos anteriores não havia ocorrido) e, adicionalmente, quando se tentou averiguar a origem das notificações, constatou-se que um número considerável havia sido feito via escola. Ou seja, a escola passou a desempenhar o papel que lhe compete na identificação e prevenção do abuso sexual.

Esforços como esse abrem inúmeras possibilidades de prevenção, uma vez que praticamente todas as crianças brasileiras hoje frequentam a escola. Adicionalmente, o trabalho com a faixa de idade pré--escolar é fundamental, na medida em que, por tratar-se de idade vulnerável, essas crianças têm um risco considerável de abuso e, por terem ainda dificuldades de se expressar, apresentam mais dificuldade em revelar o abuso sexual sofrido do que uma criança mais velha. Como resultado, com muita frequência a notificação só é feita anos depois, havendo o risco de a criança ser vítima de abuso crônico.

Maria da Graça Saldanha Padilha, em contraste, fez a sua tese de doutorado em uma escola de uma comunidade rural, do município de Campo Largo, na região metropolitana de Curitiba, Paraná, escolhida pela alta frequência de casos de maus-tratos encaminhados ao Conselho Tutelar. Inicialmente, Graça procurou saber se os pais da comunidade escolar apoiariam o programa que ela pretendia desenvolver com seus filhos. Assim, ela avaliou em grupos focais o conhecimento que 63 familiares da escola tinham sobre abuso sexual e sua opinião a respeito de como deveriam ser transmitidas as informações sobre abuso sexual para os filhos. Tal etapa revelou que os pais tinham um conhecimento superficial do tema (como era previsto), mas eram totalmente favoráveis ao projeto de ensinar os filhos na escola sobre tal tema.

Maria da Graça Padilha atuou, então, com 62 estudantes de duas turmas de sexta série do ensino fundamental, com 11–16 anos de idade, sendo 30 alunas do sexo feminino e 32 do sexo masculino, de uma escola local, ao longo de 12 encontros semanais, por três meses, com resultados muito favoráveis.

Os temas trabalhados envolveram Direitos Humanos, habilidade sociais, sexualidade e habilidades de autoproteção para prevenir o abuso. As últimas são, aparentemente, simples, porém se incorporadas, fazem toda a diferença na prevenção do abuso sexual: em primeiro lugar, a criança/adolescente precisa aprender a reconhecer o que seria a aproximação inapropriada de um adulto. Em segundo lugar, é necessário discriminar o risco para o abuso, resistindo a induções, ou seja, é preciso aprender a dizer "*não*". Essa é uma habilidade vital e pouco desenvolvida pela criança, pois a reação costumeira é acatar o que o adulto impõe, sobretudo quando a criança ou adolescente for tímido ou com dificuldades de se expressar. Segundo a pesquisadora canadense Alison Cunningham, o adulto que sofreu abuso sexual na infância tem a pergunta recorrente: *"Por que eu simplesmente não disse não para o abuso?"*, esquecendo-se de que hoje estão raciocinando como adultos, sendo muito mais fácil "dizer não" do que quando eram crianças.

Seguidos os dois primeiros passos, é possível que o ofensor deixe a criança em paz, procurando outra vítima. Se, entretanto, o ofensor persistir, os próximos passos são fundamentais: é preciso reagir rapidamente para deixar a situação, evitando ficar paralisado ou tornar-se refém. Se, apesar dessas habilidades, o abuso sexual vir a acontecer, a criança ou adolescente necessitam aprender a fazer algo fundamental: relatar para alguém sobre o incidente. Naturalmente, para que este último passo seja eficaz, a vítima precisa aprender a escolher uma pessoa apropriada para contar, alguém de sua confiança, com alta probabilidade em ajudá-la.

Essa última tarefa sobre auxiliar a criança a fazer a revelação do abuso requer cuidados especiais, pois geralmente tal processo é lento e complexo. Alison Cunningham pesquisou tal assunto no Canadá, concluindo que a criança precisa vencer inúmeras barreiras para fazer uma revelação de abuso sexual. A criança acaba pesando na balança as vantagens (por exemplo, *o abuso vai cessar*) e as desvantagens (*meu pai vai para a prisão*) de fazer uma revelação. Alison pesquisou tal assunto, pois na época era importante ter resultados que confrontassem a crença de juízes canadenses de que, se a criança não estivesse fazendo imediatamente a revelação de abuso, a probabilidade de que estivesse mentindo seria alta.

Para chegar às conclusões sobre a revelação de abuso sexual, Alison Cunningham e sua equipe analisaram 524 casos de abuso sexual infantil, registrados em Boletins de Ocorrência no Canadá, seguido por uma longa entrevista com 135 crianças e suas mães, encerrado o processo judicial. Metade dessas crianças jamais revelou o abuso a quem quer que fosse, sendo a notificação ocasionada por denúncias de terceiros. Para 2/3 das crianças desse grupo que não revelou, houve novos episódios de abuso sexual, sendo que para 1/3 desses, o abuso passou a ser regular e crônico. Os pesquisadores canadenses concluíram que o que facilita a revelação da criança são atos simples, como o adulto ensinar à criança o que é comportamento apropriado ou inapropriado.

Sobre esse assunto, jamais me esqueço do depoimento de Anita (nome fantasia), uma adolescente de 14 anos que sofria abuso sexual da parte do pai, desde os 11 anos. De aluna exemplar, até então, Anita passou a ficar distraída e desmotivada na escola, com baixa autoestima e com pensamentos suicidas (ao atravessar a rua, por exemplo, pensava seriamente em se atirar diante dos carros). Anita me confidenciou: *"Jamais nesses anos todos alguém veio na minha escola explicar que aquilo não era permitido, que havia leis no Brasil que protegem as crianças de abuso..."*

Portanto, transmitir informação sobre Direitos Humanos e prevenção de violência contra a criança é algo fundamental. O que acontece em países que vêm há décadas investindo na prevenção do abuso sexual infantil? David Finkelhor, Diretor do *Crimes Against Children Research Center* (Centro de Pesquisa de Crimes Praticados contra a Criança) e Professor de Sociologia da Universidade de New Hampshire, tem acompanhado as tendências de notificação nos Estados Unidos, Canadá, Inglaterra e Austrália, dentre outros países. Finkelhor observou a existência de uma curva em crescimento até o final dos anos 1990, seguida por uma curva expressivamente decrescente. A explicação para esses resultados é múltipla, mas envolve amplos trabalhos interdisciplinares variados, que englobam desde a melhoria na pesquisa medicamentosa para tratar o ofensor sexual, até programas de prevenção de abuso sexual que hoje são rotineiros na América do Norte. Ou seja, é possível prevenir o abuso sexual de modo que menos e menos casos ocorram no futuro.

No Brasil, isso está longe de se tornar uma realidade. Necessitamos inicialmente que nossa curva de notificação do abuso ainda cresça, pois os casos são subnotificados, para futuramente colhermos os frutos dos esforços preventivos. Para isso, precisamos também de dados sistematizados envolvendo a prevalência do problema em todo o território nacional.

A LEGISLAÇÃO BRASILEIRA SOBRE OFENSAS SEXUAIS

Paula Inês Cunha Gomide

Como visto nos capítulos anteriores, o abuso sexual infantil e a pedofilia podem trazer consequências gravíssimas para as vítimas. O abuso sexual de crianças é considerado um crime no Brasil e na maioria dos países. Embora um delito grave, ele é pouco punido. Os estudiosos da área denunciam que este é o crime menos punido do mundo. O furto, o assalto e até mesmo a depredação de patrimônio são mais severamente punidos do que o abuso sexual infantil. O que isto significa? Que a sociedade brasileira está mais preocupada com os danos causados aos bens materiais do que aos danos psicológicos, cognitivos e comportamentais que as vítimas de pedofilia sofrem?

Neste capítulo, mostraremos ao leitor as leis brasileiras que punem o abuso e a exploração sexual, assim como as penas para cada delito e seus agravantes.

O Código Penal brasileiro (Lei n° 12.015, de 2009), recentemente reformulado, trata do tema no Título VI, DOS CRIMES CONTRA A DIGNIDADE SEXUAL em dois capítulos: Capítulo I, DOS CRIMES CONTRA A LIBERDADE SEXUAL e no Capítulo II , dos CRIMES SEXUAIS CONTRA VULNERÁVEL.

No que se refere aos Crimes contra a Liberdade Sexual, vários artigos tipificam o abuso sexual, como veremos a seguir. Inicialmente, pode-se verificar que o Artigo 213 **trata do Estupro.**

> O Art. 213 estabelece que o crime de Estupro é o ato de constranger alguém, mediante violência ou grave ameaça, a ter conjunção carnal ou a praticar ou permitir que com ele se pratique outro ato libidinoso. Pena — reclusão, de 6 (seis) a 10 (dez) anos.
>
> § 1o Se da conduta resulta lesão corporal de natureza grave ou se a vítima é menor de 18 (dezoito) ou maior de 14 (catorze) anos: Pena — reclusão, de 8 (oito) a 12 (doze) anos.
>
> § 2o Se da conduta resulta morte: Pena — reclusão, de 12 (doze) a 30 (trinta) anos.

É importante, inicialmente, salientar que até 2009, o crime de *estupro* era apenas atribuído a homens enquanto autores do ato contra mulheres, os demais tipos de abuso sexual, tanto cometidos por homens contra crianças e adolescentes do sexo masculino, quanto os cometidos por mulheres contra crianças e adolescentes de ambos os sexos eram entendidos como *atentado violento ao pudor*. De maneira que, antes da lei 12.015/09, o Estupro estava especificado no art. 213 e punia a conjunção carnal violenta. Tinha como sujeito ativo o homem e passivo a mulher. A pena variava de 6 a 10 anos. O art. 214 punia o Atentado Violento ao Pudor, que eram atos libidinosos violentos, diversos da conjunção carnal, praticados com violência. O sujeito ativo era qualquer pessoa e a vítima era também qualquer pessoa. A pena para este caso era de 6 a 10 anos. A lei 12.015/09 reuniu os artigos 213 e 214 acima citados em um só tipo penal, agora chamado de Estupro. De maneira que, o estupro hoje, tipificado no art. 213, abrange conjunção carnal violenta e atos libidinosos diversos da conjunção carnal, também violentos. A pena continua sendo de 6 a 10 anos.

O artigo 215, que trata da **Violação sexual mediante fraude:**

> Art. 215. Ter conjunção carnal ou praticar outro ato libidinoso com alguém, mediante fraude ou outro meio que impeça ou dificulte a livre manifestação de vontade da vítima: Pena — reclusão, de 2 (dois) a 6 (seis) anos.
>
> Parágrafo único. Se o crime é cometido com o fim de obter vantagem econômica, aplica-se também multa.

Embora se observe um evidente avanço legislativo, ao incorporar outras formas de violência sexual às letras da lei, ainda fica claro que o legislador brasileiro não compreendeu a dimensão do abuso sexual infantil, deixando de lado aspectos fundamentais do fenômeno. Ao manter o termo estupro, o legislador demonstra não compreender a abrangência do fenômeno do abuso sexual, que pode ser ou não violento, pode ser tanto pontual, como durar anos ou décadas, pode ser cometido com conjunção carnal ou atos libidinosos, ou exposição à pornografia, enfim, a dimensão do fenômeno vai muito além do que prevê a lei. Países da Europa, México e Argentina avançaram na denominação do fenômeno, chamando-o de Violência Sexual.

No CAPÍTULO II, que trata dos CRIMES SEXUAIS CONTRA VULNERÁVEL, o artigo 217-A trata do estupro de vulnerável, o qual o texto da lei diz ser crime.

Art 217-A "Ter conjunção carnal ou praticar outro ato libidinoso com menor de 14 (catorze) anos".

Parágrafo 1°. Diz: "Incorre na mesma pena quem pratica as ações descritas no caput com alguém que, por enfermidade ou deficiência mental, não tem o necessário discernimento para a prática do ato, ou que, por qualquer outra causa, não pode oferecer resistência".
Nestes casos, as penas variam de 8 a 15 anos, que poderão aumentar dependendo das consequências para a vítima: maus-tratos (Pena — reclusão, de 10 (dez) a 20 (vinte) anos) até a morte (Pena — reclusão, de 12 (doze) a 30 (trinta) anos).

Ainda no Capítulo II, dos Crimes Sexuais contra Vulnerável, a lei 12.015/09, no Art. 218, trata **da Corrupção de Menores**: *"Induzir alguém menor de 14 (catorze) anos a satisfazer a lascívia de outrem"*(pena de 2 a 5 anos) e Art. 218-A, que determina que *"Praticar, na presença de alguém menor de 14 (catorze) anos, ou induzi--lo a presenciar, conjunção carnal ou outro ato libidinoso, a fim de satisfazer lascívia própria ou de outrem"*, é crime que tem pena variando de 2 a 4 anos.

Adicionalmente, no Capítulo II, art. 218-B, a lei especifica o **Favorecimento da prostituição ou outra forma de exploração sexual de vulnerável**, dizendo que aquele que *"Submeter, induzir ou atrair à prostituição ou outra forma de exploração sexual alguém menor de 18 (dezoito) anos ou que, por enfermidade ou deficiência mental, não tem o necessário discernimento para a prática do ato, facilitá-la, impedir ou dificultar que a abandone"* terá pena de reclusão, de 4 (quatro) a 10 (dez) anos. § 1o Se o crime é praticado com o fim de obter vantagem econômica, aplica-se também multa. § 2o Incorre nas mesmas penas: I - quem pratica conjunção carnal ou outro ato libidinoso com alguém menor de 18 (dezoito) e maior de 14 (catorze) anos na situação descrita no **caput** deste artigo; II - o proprietário, o gerente ou o responsável pelo local em que se verifiquem as práticas referidas no **caput** deste artigo. § 3o Na hipótese do inciso II do § 2o, constitui efeito obrigatório da condenação a cassação da licença de localização e de funcionamento do estabelecimento.

Além do Código Penal Brasileiro, o **Estatuto da Criança e do Adolescente** (Lei 8.069/90) foi atualizado recentemente, pela Lei 11.829/08, permitindo a incorporação das várias formas de abuso sexual infantil. Os artigos 240, 241, 241-A, 241-B, 241-C e 241-D tratam da utilização da criança ou adolescente para a produção de pornografia infantil.

Art. 240. Produzir, reproduzir, dirigir, fotografar, filmar ou registrar, por qualquer meio, cena de sexo explícito ou pornográfico, envolvendo criança ou adolescente.

Art. 241. Vender ou expor à venda fotografia, vídeo ou outro registro que contenha cena de sexo explícito ou pornográfica envolvendo criança ou adolescente.

Art. 241-A. Oferecer, trocar, disponibilizar, transmitir, distribuir, publicar ou divulgar por qualquer meio, inclusive por meio de sistema de informática ou telemático, fotografia, vídeo ou outro registro que contenha cena de sexo explícito ou pornográfica envolvendo criança ou adolescente.

Art. 241-B. Adquirir, possuir ou armazenar, por qualquer meio, fotografia, vídeo ou outra forma de registro que contenha cena de sexo explícito ou pornográfica envolvendo criança ou adolescente.

Art. 241-C. Simular a participação de criança ou adolescente em cena de sexo explícito ou pornográfica por meio de adulteração, montagem ou modificação de fotografia, vídeo ou qualquer outra forma de representação visual.

Art. 241-D. Aliciar, assediar, instigar ou constranger, por qualquer meio de comunicação, criança, com o fim de com ela praticar ato libidinoso.

As penas variam de 4 a 8 anos para os artigos 240 e 241, de 3 a 6 anos para 241-A, de 1 a 4 anos para 241-B e de 1 a 3 anos para 241-C e 241-D. Aumenta-se a pena em 1/3 se o agente comete o crime I – no exercício de cargo ou função pública ou a pretexto de exercê-la; II – prevalecendo-se de relações domésticas, de coabitação ou de hospitalidade; ou III – prevalecendo-se de relações de parentesco consanguíneo ou afim até o terceiro grau, ou por adoção, de tutor, curador, preceptor, empregador da vítima ou de quem, a qualquer outro título, tenha autoridade sobre ela, ou com seu consentimento.

Diz ainda o Art. 241-E que, para efeito dos crimes previstos nesta Lei, a expressão *"cena de sexo explícito ou pornográfica" compreende qualquer situação que envolva criança ou adolescente em atividades sexuais explícitas, reais ou simuladas, ou exibição dos órgãos genitais de uma criança ou adolescente para fins primordialmente sexuais"*.

O Art. 244-A trata da Prostituição Infantil:

"Submeter criança ou adolescente, como tais definidos no caput do art. 2o desta Lei, à prostituição ou à exploração sexual (incluído pela Lei 9.975/2000), com Pena – reclusão de quatro a dez anos, e multa. § 1o Incorrem nas mesmas penas o proprietário, o gerente ou o responsável pelo local em que se verifique a submissão de criança ou adolescente às práticas referidas no caput deste artigo. § 2o Constitui efeito obrigatório da condenação a cassação da licença de localização e de funcionamento do estabelecimento."

Percebe-se que, embora avançando em relação à Lei 8069/90, em sua primeira versão, os legisladores ainda se detêm primordialmente à prostituição e pornografia infantil, deixando de descrever as situações de abuso sexual perpetrado por pais, padrastos ou cuidadores em geral. Visto a altíssima incidência desse crime, é preciso que o ECA incorpore urgentemente um artigo que trate especificamente de tais casos, tipificando o ato e atribuindo a ele penalidades severas. Da forma como a lei está escrita, é preciso que os operadores da lei se utilizem de alguns aspectos do comportamento do pedófilo ou de qualquer ofensor sexual para enquadrá-lo criminalmente. No entanto, os comportamentos do pedófilo ou de qualquer ofensor sexual estão claramente definidos na literatura de abuso sexual infantil e poderão certamente auxiliar o legislador nesta tarefa.

COMENTÁRIOS FINAIS

Neste livro procurei demonstrar que a pedofilia não é, em si, um crime e sim um transtorno, sendo o abuso sexual de crianças um delito grave, independente de quem os pratique (seja ou não pessoa com pedofília, seja homem ou mulher, do tipo incestuoso ou não). O conhecimento científico tem nos ajudado a conhecer indivíduos que têm o transtorno da pedofilia e a demolir mitos associados com tal população, mas os desafios continuam imensos. Só para dar um exemplo, a internet, que tantos benefícios nos deu, causando uma revolução em nosso modo de atuar, tem sido palco de um número crescente de sítios com pornografia infantil e de adultos que se passam por crianças para abusá-las *online* e *offline*.

Apontei os inúmeros problemas associados ao fato de a criança, adolescente ou adulto ter sofrido abuso sexual na infância, porém não gostaria de transmitir um quadro desolador. O ser humano é resiliente e capaz de superar inúmeras dificuldades e eventos traumáticos, de modo que é possível levar uma vida produtiva e feliz, mesmo tendo um histórico de abuso sexual no passado. Pesquisadores têm se interessado em estudar o fenômeno do crescimento pessoal pós-trauma e, sem dúvida, isso pode acontecer com inúmeras vítimas de abuso sexual.

Defendi que é possível fazer prevenção de abuso sexual, embora façamos pouca prevenção no Brasil. Precisamos expandir e capacitar profissionais para o trabalho terapêutico com o ofensor sexual e ter um sistema de justiça mais eficaz em relação à compreensão da violência sexual praticada contra a criança, com melhores taxas de encarceramento para quem pratica tal tipo de delito.

Paula Gomide argumentou que nossas leis sobre o assunto não são perfeitas, mas tem havido avanços na legislação.

Gostaria de encerrar do mesmo modo que comecei: poucos temas despertam tanta repulsa da população quanto o fato ou a possibilidade de um adulto praticar sexo com uma criança. Quando a mídia apresenta casos graves de abuso sexual de crianças, ouço com frequência pessoas dizendo: *"quem faz isso só pode ser um monstro!"*

Pensar de tal modo não é nada produtivo – embora eu entenda a resposta dada no calor das emoções. Somente o olhar frio da ciência para o ofensor sexual será capaz de ajudar- nos a deter os comportamentos delituosos dos mesmos.

São humanos, muito humanos os ofensores sexuais — no sentido de que, em muitas áreas, eles têm um comportamento que não os distingue da grande maioria da população que não sente atração sexual por criança, ou caso venha a sentir, reprime tais atitudes.

Pensar no ofensor como um *monstro* é também uma desculpa para o surgimento de propostas radicais de reparação (como a *castração*), ou mesmo fatal (*"é preciso a pena de morte para gente que faz isso!"*). Nada mais equivocado. A violência só gera mais violência. Somente enquanto tivermos uma sociedade que se pauta nos Direitos Humanos de todos os seus cidadãos é que faremos a devida prevenção da violência, seja ela sexual ou de qualquer outro tipo.

Para finalizar, gostaria de agradecer a dois colegas pesquisadores – Maria da Graça Saldanha Padilha e Paulo Celso Pereira – pela leitura cuidadosa que fizeram desse texto e por suas sugestões de aprimoramento.

INDICAÇÕES PARA LEITURA

Organizei, juntamente com Eliane Campanha de Araújo, uma coletânea intitulada *Prevenção do Abuso Sexual Infantil: Um enfoque interdisciplinar*, sendo publicada, em 2009, pela Editora Juruá, de Curitiba. O livro recebeu uma resenha muito positiva, sendo produto do *I Encontro Internacional sobre Violência na Família*, com enfoque exclusivo no Abuso Sexual Infantil, realizado na Universidade Federal de São Carlos, no ano de 2007. Na coletânea, são encontrados artigos de psicólogos e pesquisadores, juristas, promotores de justiça, médicos e assistentes sociais. A contribuição internacional foi feita por Alison Cunningham, criminóloga canadense e diretora de pesquisa do *Centre for Children and Families in the Justice System* de Lodon, Ontário e por Victoria Lidchi, conselheira da *International Society for Prevention of Child Abuse and*

Neglect (ISPCAN), que também foi uma das entidades patrocinadoras do evento.

Juntamente com Joviane Marcondelli Dias Maia e Karyne de Souza Augusto Rios publiquei, em 2010, pela Editora ESETec o livro *Aspectos Psicológicos da Violência: Pesquisa e Intervenção Cognitivo-Comportamental* para celebrar os 10 primeiros anos do Laprev (Laboratório de Análise e Prevenção da Violência), sob minha coordenação. No livro há artigos teóricos, relatos de pesquisa relatos de intervenção escritos por pesquisadores do Laprev úteis, notadamente, a psicólogos sobre a violência contra a mulher e a violência contra a criança e o adolescente, sendo que diversos capítulos referem-se ao abuso sexual contra a criança e o adolescente.

O livro *Jovens pedem socorro: O adolescente que praticou ato infracional e o adolescente que cometeu ofensa sexual* resulta do trabalho de pesquisa das professoras de psicologia Maria Aparecida Penso, Maria Inês Gandolfo Conceição e Teresa Cristina Othenio Cordeiro Carreteiro, sendo uma das raras publicações brasileiras a descrever a história de vida de adolescentes que cometeram ofensas sexuais. Foi publicado em 2012, pela Editora Universa de Brasília.

Em *Violência contra crianças e adolescentes: Teoria, pesquisa e prática*, organizado por Luísa Habigzang e pela professora Sílvia Koller, da Universidade Federal do Rio Grande do Sul, e publicado em 2011, pela ARTMed, há capítulos específicos sobre a violência sexual. Essas autoras e seu grupo de pesquisa são líderes no Brasil na área de intervenção em grupo com crianças e adolescentes (de ambos os sexos), tendo programas testados experimentalmente de forma sólida.

Recomendo ao psicólogo interessado no assunto o Manual de Capacitação Profissional *Intervenção psicológica para crianças e adolescentes vítimas de violência sexual*, organizado por Habigzang e Koller, em 2011, e publicado pela Casa do Psicólogo.

Como parte de seu trabalho de Mestrado (orientado por Silvia Koller da UFRGS), no qual avaliou um modelo de psicoterapia a meninos com histórico de abuso sexual Jean Von Hohendorff desenvolveu um excelente vídeo útil para a sensibilização do assunto, contendo depoimentos verídicos de um adulto que sofreu essa vitimização na infância. O vídeo encontra-se disponível no sítio do CEP-RUA da UFRGS (www.ceprua.org) ou em (http://vimeo.com/22827535).

Para se inteirar sobre o *Depoimento sem Dano* recomendo o livro do juiz José Antônio Daltoé Cezar publicado, em 2007, pela Livraria do Advogado Editora, intitulado: *Depoimento sem Dano: Uma alternativa para inquirir crianças e adolescentes nos processos judiciais*. Adicionalmente, sugiro a leitura de *Depoimento sem Medo*(?): *Culturas e Práticas Não revitamizantes,* publicado em 2008, pela *Childhood* Brasil (Instituto WCF), no qual os autores Benedito Rodrigues dos Santos e Itamar Batista Gonçalves apresentam uma cartografia ampla e aprofundada (25 países, 5 continentes) das diversas experiências de tomada de depoimento especial de crianças e adolescentes.

Para pais, professores e terapeutas sugiro dois livros a serem trabalhados com crianças sobre prevenção de abuso infantil. O primeiro chama-se *O segredo da Tartanina*, sendo acompanhado de um manual para o adulto, tendo sido publicado em 2011 (Editora Universidade da Família) pelas autoras Alessandra Rocha Santos Silva, Sheila Maria Prado Soma (também pesquisadora do Laprev) e Cristina Fukumori Watarai. O segundo intitula-se *Segredo segredíssimo*, foi publicado em 2011 pela Geração Editorial, sendo que a própria autora Odívia Barros foi vítima de abuso sexual na infância.

Indico também o manual *Navegar com segurança: Protegendo seus filhos da pedofilia e da pornografia infanto-juvenil na internet* elaborado pela *Childhood*, Instituto WCF-Brasil e disponível em: http://www.childhood. org.br e/ou a cartilha SaferDic@s: *Brincar, estudar e navegar com segurança na internet!*, elaborada pela SaferNet Brasil (www.safernet.org.br).

Ainda sobre o uso seguro da internet e cuidados com a saúde, há o livro organizado por duas pediatras especialistas em adolescentes (hebiatras), *Geração Digital: Riscos e benefícios das novas tecnologias para as crianças e os adolescentes*, Evelyn Eisenstein (grande especialista em abuso sexual da criança e do adolescente) e Susana Graciela Bruno Estefenon, pela Editora Vieira & Lent, em 2008.

Finalmente, sobre relato de vítima há o livro *O dia em que conheci o bicho-papão*, publicado em 2011 por Rodrigo César Dias, pela Gráfica e Editora Renascer.

AGRADECIMENTO

A autora agradece a especial ajuda da advogada e aluna do Mestrado em Psicologia da Universidade Tuiuti do Paraná, Mayta Lobo dos Santos, pela indicação dos artigos referentes ao tema.

SOBRE AS AUTORAS

Lúcia Cavalcanti de Albuquerque Williams

Sou formada em Psicologia pela Pontifícia Universidade Católica de São Paulo, com Mestrado pela Universidade de Manitoba, no Canadá e Doutorado na Universidade de São Paulo, ambos em Psicologia. Fiz pós-doutorado na Universidade de Toronto, Canadá, cidade em que atuei profissionalmente por 13 anos e onde aprendi a trabalhar com a prevenção do abuso sexual. Organizei, em 2007, o *I Encontro Internacional sobre Violência na Família: Abuso Sexual Infantil*, na Universidade Federal de São Carlos. Coordeno o LAPREV (Laboratório de Análise e Prevenção da Violência), filiado ao Departamento de Psicologia da UFSCar (www.ufscar.br/laprev). Publiquei diversos livros e artigos sobre violência na família e na escola. Pertenço ao corpo editorial de diversas revistas nacionais e internacionais, como o *Journal of Child Sexual Abuse* e o *Journal of Family Violence*. Sou pesquisadora do CNPq e, atualmente vice-presidente da Sociedade Brasileira de Psicologia (2010-2013).

Paula Inês Cunha Gomide

Sou formada em Psicologia pela Universidade Estadual de Londrina, com Mestrado e Doutorado pela Universidade de São Paulo. Publiquei livros e artigos sobre práticas educativas parentais, adolescentes em conflito com a lei, abuso sexual, filmes violentos, entre outros temas de que trata a Psicologia Forense. Coordeno o Mestrado em Psicologia da Universidade Tuiuti do Paraná. Sou atualmente presidente da Sociedade Brasileira de Psicologia (2010-2103).

Coleção Primeiros Passos
Uma Enciclopédia Crítica

ABORTO
AÇÃO CULTURAL
ADMINISTRAÇÃO
AGRICULTURA
SUSTENTÁVEL
ALCOOLISMO
ANARQUISMO
ANGÚSTIA
APARTAÇÃO
APOCALIPSE
ARQUITETURA
ARTE
ASSENTAMENTOS RURAIS
ASTROLOGIA
ASTRONOMIA
BELEZA
BIOÉTICA
BRINQUEDO
BUDISMO
CANDOMBLÉ
CAPITAL
CAPITAL FICTÍCIO
CAPITAL INTERNACIONAL
CAPITALISMO
CÉLULA TRONCO

CIDADANIA
CIDADE
CINEMA
COMPUTADOR
COMUNICAÇÃO
COMUNICAÇÃO
  EMPRESARIAL
CONTO
CONTRACULTURA
COOPERATIVISMO
CORPOLATRIA
CRISTIANISMO
CULTURA
CULTURA POPULAR
DARWINISMO
DEFESA DO CONSUMIDOR
DEFICIÊNCIA DEMOCRACIA
DEPRESSÃO
DESIGN
DIALÉTICA
DIREITO
DIREITOS DA PESSOA
DIREITOS HUMANOS
DIREITOS HUMANOS DA
  MULHER

Coleção Primeiros Passos
Uma Enciclopédia Crítica

DRAMATURGIA	FMI
ECOLOGIA	FOLCLORE
EDUCAÇÃO	FOME
EDUCAÇÃO AMBIENTAL	FOTOGRAFIA
EDUCAÇÃO FÍSICA	GASTRONOMIA
EDUCAÇÃO INCLUSIVA	GEOGRAFIA
EDUCAÇÃO POPULAR	GOLPE DE ESTADO
EDUCACIONISMO	GRAFFITI
ENFERMAGEM	GRAFOLOGIA
ENOLOGIA	HIEROGLIFOS
ESCOLHA PROFISSIONAL	HIPERMÍDIA
ESPORTE	HISTÓRIA
ESTATÍSTICA	HISTÓRIA DA CIÊNCIA
ÉTICA	HOMEOPATIA IDEOLOGIA
ÉTICA EM PESQUISA	IMAGINÁRIO IMPERIALISMO
ETNOCENTRISMO	INDÚSTRIA CULTURA
EVOLUÇÃO DO DIREITO	ISLAMISMO
EXISTENCIALISMO	JAZZ
FAMÍLIA	JORNALISMO
FEMINISMO	JORNALISMO SINDICAL
FILOSOFIA	JUDAÍSMO
FILOSOFIA CONTEMPORÂNEA	LAZER
	LEITURA
FILOSOFIA MEDIEVAL	LESBIANISMO
FÍSICA	LIBERDADE

Coleção Primeiros Passos
Uma Enciclopédia Crítica

LINGUÍSTICA
LITERATURA DE CORDEL
LITERATURA INFANTIL
LITERATURA POPULAR
LOUCURA
MAIS-VALIA
MARXISMO
MEDIAÇÃO DE CONFLITOS
MEIO AMBIENTE
MENOR
MÉTODO PAULO FREIRE
MITO
MORAL
MORTE
MÚSICA
MÚSICA SERTANEJA
NATUREZA
NAZISMO
NEGRITUDE
NEUROSE
NORDESTE BRASILEIRO
OLIMPISMO
PANTANAL
PARTICIPAÇÃO
PARTICIPAÇÃO POLÍTICA

PATRIMÔNIO CULTURAL
  IMATERIAL
PATRIMÔNIO HISTÓRICO
PEDAGOGIA
PESSOAS
DEFICIENTES
PODER
PODER LOCAL
POLÍTICA
POLÍTICA SOCIAL
POLUIÇÃO
QUÍMICA
PÓS-MODERNO
POSITIVISMO
PRAGMATISMO
PSICOLOGIA
PSICOLOGIA SOCIAL
PSICOTERAPIA DE FAMÍLIA
PSIQUIATRIA FORENSE
PUNK
QUESTÃO AGRÁRIA
QUÍMICA
RACISMO
REALIDADE
RECURSOS HUMANOS

Coleção Primeiros Passos
Uma Enciclopédia Crítica

RELAÇÕES
   INTERNACIONAIS
REVOLUÇÃO
ROBÓTICA
SAUDADE
SEMIÓTICA
SERVIÇO SOCIAL
SOCIOLOGIA
SUBDESENVOLVIMENTO
TARÔ
TAYLORISMO
TEATRO
TECNOLOGIA
TEOLOGIA
TEOLOGIA FEMINISTA
TEORIA
TOXICOMANIA
TRABALHO
TRABALHO INFANTIL
TRADUÇÃO
TRANSEXUALIDADE
TROTSKISMO
TURISMO
UNIVERSIDADE
URBANISMO

VELHICE
VEREADOR
VIOLÊNCIA
VIOLÊNCIA CONTRA A
   MULHER
VIOLÊNCIA URBANA
XADREZ

111

Impressão e acabamento
Edições Loyola

Papel capa: Triplex 250 grs
Papel miolo: Lux cream 80 grs